Verlag Holzhausen 2012

Diese Publikation wurde durch die freundliche Unterstützung der

Telekom Deutschland GmbH
www.telekom.de

ermöglicht.

IMPRESSUM:

Autor: Andrea Riemer
Eigentümer und Verleger: Verlag Holzhausen GmbH, Leberstraße 122,
A-1110 Wien
Grafische Gestaltung: Repromedia
Druck: Ferdinand Berger & Söhne GmbH

Verlagsort: Wien – Herstellungsort: Wien – Printed in Austria,
1. Auflage 2012
ISBN: 978-3-902868-50-3
www.verlagholzhausen.at

Gender-Formulierung: Bei allen Bezeichnungen, die auf Personen bezogen sind, meint die gewählte Formulierung beide Geschlechter.

Bibliografische Informationen der Österreichischen Nationalbibliothek und der Deutschen Nationalbibliothek. Die ÖNB und die DNB verzeichnen diese Publikation in den Nationalbibliografien; detaillierte bibliografische Daten sind im Internet abrufbar. Für die Österreichische Bibliothek: http://aleph.onb.ac.at, für die Deutsche Bibliothek: http://dnb.ddb.de.

QuantumLeadership

Begegnungen mit der Anderen

Andrea Riemer

Wer ermutigt, ermächtigt und lobt,
der führt zeitgemäß –
zuerst sich selbst und dann andere.

Ein paar Gedanken am Weg ...

In Umbruchzeiten wird der Ruf nach Führungspersönlichkeiten und nach Leadership immer besonders laut – auch wenn oft nicht klar ist, was man von einem Leader fordern kann und soll – ist es Durchsetzungsvermögen, ein Lageüberblick, das Durchhalten von Empathie und das gleichzeitige Leben von Interdisziplinarität? Der Forderungskatalog ist verwirrend und eine Mischung aus Schlagworten – oft ohne Substanz und mit einem hohen Grad an Beliebigkeit.

So präsentiert sich Leadership heute in verschiedenen Bereichen – gleich ob in der Politik, in der Wirtschaft, in der Kultur, im Sport und im Militär – in einer nahezu verwirrenden Vielfalt und Unklarkeit..

Wenn man sich viele Jahre mit Leadership eingehend auseinandersetzt, zeigt sich deutlich, dass es kein Patentrezept dafür gibt, was einen ‚guten Führer in Umbruchzeiten' ausmacht - Führung und Leadership sind bei allen Anleitungsversuchen stark persönlichkeitsbezogene Bereiche – und somit gleichzeitig auch offen für Neues, für Anderes.

Das vorliegende Buch ist kein herkömmliches Buch zur Leadership, geschweige denn ein Lehrbuch – das würde auch nicht zu mir und meinen Zugängen zu diesem Thema passen. Für mich ist Leadership eine Form von Kunst. Daher umfasst das Buch eine Geschichte darüber, was man heute, morgen und übermorgen dazu braucht, um auch in turbulenten Zeiten Freude am Führen zu haben. Das Buch spannt Gedanken, Ideen, Erklärungen, Anregungen und viele Beispiele zur Leadership in einem dynamischen Dialog zusammen. Gerade die Beispielfülle zeigt, wie vielschichtig Leadership ist und in wie vielen Bereichen sie gefordert ist – heute und morgen mehr denn je.

Möge das Buch, das als Lese- und Nachdenkbuch konzipiert ist und damit kein klassisches Fachbuch ist, Anregung sein, es öfters zur Hand zu nehmen, nachzuschlagen, nachzudenken – über sich und diejenigen, die man führt. Möge es Inspirationsquelle sein, das eigene Handeln immer wieder zu reflektieren und gegebenenfalls nachzujustieren. Möge das Buch all jenen, die Leader sind, und solchen, die es werden wollen, als Ermutigung dienen, auch und gerade andere Wege zu gehen – abseits ausgetretener Pfade, ohne Gelinggarantie – im Quantenbereich.

Potsdam, im Sommer 2012 Andrea Riemer

Prolog: Wohin als Suchende und Findende?[1]

Der Banker hatte eben seinen Arbeitstag beendet. Es ist kurz vor 2200 Uhr, als er den Schlüssel für seinen neuen BMW aus der schicken Mappe holt. Erschöpft ist er; er atmet durch, lässt den *busy day* Revue passieren – ein Tag wie viele andere. Seltsam leer und erschöpft marschiert er in Richtung Aufzug, der ihn in die Tiefgarage bringt. Er ist ein Namenloser. Menschen wie ihn gibt es zu Tausenden – letztlich. Gedankenlos nimmt er den Aufzug in die Garage, um sich auf den Nachhauseweg zu machen – wie Tausende. Alles ist automatisiert – nichts Besonderes, Edelroutine auf höchstem Niveau. Gedankenverloren steigt er aus dem Aufzug, taucht in das fahle Licht der Garage ein …

… Da – er nimmt einen dunklen Schatten bei seinem Auto wahr. Er hält inne. Nach einer Schrecksekunde steigt der Puls merklich an. Fragen tauchen auf. Wer ist da in die gut geschützte Garage gekommen? Wer hat die Sicherheitssperren und die Codes überwunden? Wie kann denn das nur passiert sein? Wo ist man heute noch sicher? Ungewohnte Angst kriecht in ihm herauf.

Er hält kurz inne im Gewohnten. Zur Angst kommt nun Kälte – er ist völlig übermüdet – die busy days reihen sich ungezählt aneinander. Zum Luftholen, zum Atemschöpfen hat er seit Wochen, seit Monaten keine Zeit. Auch die Lust dazu fehlt ihm, ist ihm abhandengekommen. Er ist und bleibt namenlos, einer von vielen anonymen Bankern in der Szene.

---

[1] Wenn ich in der Geschichte einen Banker und die Andere in den Mittelpunkt stelle, so mögen sich Frauen und Männer in gleicher Weise angesprochen fühlen. Man könnte die Rollen auch umdrehen. Die beiden Protagonisten sind Ausdruck für das von mir angestrebte *Vereinte Wissen*. Das gleiche gilt für den nachfolgenden Text.

Zögerlich nähert er sich dem Auto. Seine Schritte werden immer langsamer, angstvoller – sein Rücken verkrampft sich. Die Silhouette einer Person wird sichtbar – die *Andere*. Die Angst wird präsenter, stärker. Seine Schritte werden noch ein Stück langsamer. Was nun tun? Umkehren – wohin? Er fühlt sich allein, verlassen, bedrängt – *no way out.* Nur das Surren des Garagenlichts kann er hören. Das Auto, der elegante, schicke neue BMW, steht vor ihm. Der schwarze Lack spiegelt das fahle Garagenlicht wider. Hoffentlich bleibt es noch an, denkt der Banker. Die Gedanken des Namenlosen und die Bewegungen der *Anderen* beginnen sich zu überlagern.

Die *Andere* fängt an, sich langsam zu bewegen, dreht sich zum Banker Namenlos. Da stehen sie – begegnen einander – scheinbar.

Der Banker geht weiter zu seinem Auto, den Blick nach unten gesenkt, defensiv. Die *Andere* nähert sich, macht noch einen letzten Schritt auf den Banker zu. Nun gibt es für diesen kein Entkommen mehr. Die *Andere* spricht ihn mit leiser Stimme an, wo er denn herkomme und wo er denn hinfahre. Der Banker wird defensiver, fühlt sich sehr eigenartig, eng. Er hält den Blick weiter gesenkt, öffnet die Wagentür mit der Fernbedienung. Es klickt leise. Die Fluchtmöglichkeit scheint offen – rasch einsteigen und davonrasen. Die *Andere* fragt ihn, ob er für ein kurzes Gespräch Zeit hat.

Der Banker blickt erschrocken und erstaunt auf, Bilder laufen durch seinen Kopf – alles intuitiv, unbewusst und ungesteuert. Wirre Sequenzen – er kann sie inhaltlich kaum zuordnen, so rasch wechselt sich ein Motiv mit dem anderen ab. Gleichzeitig umgibt ihn lähmende Stille. Er fühlt den rasenden Puls in seinen Ohren. Ohne zu wissen, was er tut, antwortet er mit ‚ja'. Die Andere setzt sich zu ihm ins Auto auf den Beifahrersitz – ohne Einladung, blickt sich bewundern in dem Gefährt um und sieht den Banker an. Dieser ist verunsichert – gleichzeitig strahlt die Andere eine große Ruhe und Gelassenheit aus. Zu Hause wartet niemand auf den Banker – Beziehungen hat er schon länger nicht – alle gescheitert – in den Sand der Karriere gesetzt. Was kann schon sein?

Die *Andere* fängt wie aus dem Nichts zu erzählen an – leise, fast zärtlich. Gespräche unter Bankern gibt es nicht – außer über Daten, Zahlen und Fakten – vielleicht noch über Golf und den letzten Kurztrip nach – wer weiß wohin. Über Menschliches, Inneres, Bewegendes – da ist schnell das berühmte Licht aus. Es kann finsterer gar nicht sein. Da ist es in der Garage schon vergleichsweise ziemlich hell.

Irgendwie hat er sich diese *Andere* hereingeholt, denn sein Bedürfnis nach Gesprächen, nach einem echten Austausch, ist seit Wochen vorhanden – auch wenn er es geschickt mit Börsencharts und hektischer Betriebsamkeit, mit nichtssagenden Champagnerfesten und langen Arbeitstagen unterdrückt hat. Der Hype hat ihn narkotisiert – klar und eindringlich – die *Andere* spürt den Banker und nimmt wahr, wonach diesem ist – ganz selbstverständlich. Anfänglich klingt das alles etwas kryptisch-mysteriös, was sie sagt – zumindest für den Banker Namenlos:

Die *Andere* spricht leise und eindringlich: Du bist in Deinem Fach große Klasse, scheinbar unschlagbar. Du hast eine Menge Erfahrung und räumst einen Preis nach dem anderen ab. Das ist schön und auch gut so. Du spielst im Außen hochprofessionell, nur ist das alles? Dir fehlt etwas Wesentliches, um Dein Wissen vereint leben zu können. Es geht nicht nur um das Außen – abgetrennt vom Innen – und auch nicht um das Umgekehrte. Es geht um beides – da müssen die Amplitude und die Frequenz gleich schwingen und sich zu einer großen Welle vereinen. Über das Außen muss ich Dir nicht viel erzählen. Da bist Du ja bestens versorgt. Ich möchte Dir das Innen, Dein Innen und das Zusammenspiel zwischen diesem Innen und dem wohlbekannten Außen näherbringen. Dann wirst Du beides anders einschätzen und wahrnehmen können. Und dann wird Dein Leben in Teams auch leichter, angenehmer – ihr könnt gemeinsam etwas bewirken und seid dann nicht mehr

Einzelkämpfer. Wenn Du über Dich mehr Bescheid weißt, dann wird Dir Deine Rolle im Team auch klarer. Wenn Du weißt, was so im Hintergrund läuft, fließt vieles unkompliziert.

Der Banker schaut irritiert, versteht im ersten Moment nicht viel. In diese Lücke stößt die *Andere* und spricht weiter – wohl auch weil sie fühlt, dass der Banker dies möchte – auch wenn er unfähig ist, diesen Wunsch zu verbalisieren. Wir sitzen alle – jeder von uns – auf einer Seeleninsel.

Worüber redet die denn, steigt es im Banker unwirsch auf. Seele – was ist denn das schon, begehrt er innerlich auf. Lauter Eso-Gequatsche – Zahlen, Daten, Fakten zählen. Nicht dieses unvorstellbare Etwas, diese Wattige. Am liebsten hätte er sich dann doch die Ohren zugehalten.

Die *Andere* nimmt den Widerstand des Bankers zwar wahr, lässt sich jedoch nicht beirren. Sie setzt leise zur Seeleninsel fort. Für den einen ist es eine echte Insel – das innere Mauritius; für den anderen ist es ein Lotusblütenblatt oder ein Palmenblatt. Und für wieder einen anderen ist es ein fliegender Teppich, ein Einbaum oder ein Kanu. Gleich was in der Vorstellung hereinkommt – es ist passend.

Der Banker wird langsam aufmerksam, er atmet durch und versucht zu erkennen, wer oder was diese *Andere* ist. Sein Puls beginnt sich zu beruhigen. Die Börsennebel und der Zahlenfriedenhof lichten sich in seinem Inneren. Die *Andere* fährt ungerührt fort.

Ziel ist es, sich auf dieser Insel dem individuellen Fluss des Lebens vertrauensvoll anheimzugeben.

Mein Gott – Vertrauen ist, dass die Börse morgens richtig anspringt, so der Zwischengedanke des Bankers. Aggression und Ungeduld steigen wieder in ihm auf. Die *Andere* spürt die kleine Unaufmerksamkeit – es dauert ein wenig, bis das Innere des Bankers zur Ruhe kommt.

Die *Andere* spricht leise weiter. Jeder hat sein eigenes Seelentempo, d. h. jeder bestimmt seine Geschwindigkeit selbst. Es gibt bei dieser Seeleninsel keine Fortbewegungshilfe. Sie ist nicht notwendig; man braucht sie nicht.

Wieder funkt der Banker dazwischen; langsam verliert er die Geduld. Soll er die *Andere* aus dem Auto schmeißen? Das Garagenlicht ist mittlerweile nur mehr ganz schwach wahrnehmbar. Eine irritierend-bizarre Situation.

Doch die *Andere* lässt sich durch dieses kleine innere Geplänkel nicht beirren. Intensiv spricht sie weiter und behält dabei den Banker immer im Augenwinkel. In dieser turbulenten Zeit ist es wesentlich, sich diese Zeitoasen bewusst zu machen und auch zu nutzen, um in der Stille zu reflektieren, wohin die Seeleninsel unterwegs ist.

Der Banker hatte noch nie von diesen eigenartigen Begriffen und Bildern gehört – ja, es gibt immer wieder Fortbildungsseminare in der Firma, aber dafür hatte er bislang keine Zeit. Zu viele Daten, Zahlen, Fakten. Und außerdem – da hätte er vielleicht etwas entdeckt, das wenig angenehm ist – besser zudecken und davonlaufen.

Stille – erdrückende Stille macht sich breit. Ein seltsames Gefühl entwickelt sich im Banker. Die Neugierde wächst und seine Aufmerksamkeit ebenfalls – trotz der späten Stunde und des langen Arbeitstages.

Die *Andere* spricht weiter. Bewegt sich die Seeleninsel im Fluss des Lebens, so gibt es ein Vorwärtskommen, eine Erweiterung, ein Wachstum der Seele. Stagniert die Seelenentwicklung, so drehst Du Dich im Kreis.

Im Kreis drehen ist ein treffendes Bild für den Istzustand des Bankers – immer nur Daten, Zahlen, Fakten, Champagnerfeste, Golfturniere, die gleichen Menschen um einen – zumindest die gleichen Typen – und dann dieses Seelengesäusel – widerlich. Die *Andere* lässt sich von den gedanklichen Abschweifungen und Intermezzi nicht beirren. Ruhig spricht sie weiter – über sehr Grundsätzliches. Was bedeutet kennen schon? Du wirst Dich nie wirklich kennen. Wenn Du Dich damit aufhältst, verpasst Du das Gemeinsame, welches sich aus dem Jetzt ergibt. Das Leben ist ein einziges Mysterium und ein Abenteuer – eine Kette von Wundern.

Es funkt wieder dazwischen – Wunder sind Börsenrallies und Insiderinformationen – aber auch nur, wenn sie zu meinen Gunsten sind – es gärt im Inneren des Bankers.

Unbeirrt fährt die *Andere* fort. Das Leben will gelebt werden und nicht zu einem Problem gemacht werden, das erst zu lösen ist. Es ist nicht wichtig, bis ins letzte Detail zu wissen, was war und wer Du glaubst zu sein. Das nimmt Dir die Kreativität und Spontaneität. Du kannst Dich dann nicht mehr selbst überraschen. Und die Vergangenheit ist vergangen – unabänderlich – genauso wie die Zukunft, über die Du bestenfalls eine Vorstellung hast. Und genau mit dieser Vorstellung über das ‚Wie‘ verbaust Du Dir Dein ‚Jetzt‘ und Dein ‚Sein‘.

Dem Banker läuft es kalt über den Rücken, der innere Widerstand wird immer heftiger. Was redet die *Andere* da? Hat denn die keine Ahnung, wie wichtig Kursprognosen und Wachstumsvorhersagen sind?! Sie sind das tägliche Brot, sein tägliches Brot!

Die *Andere* setzt ungerührt fort. Jeder Tag ist wie ein weißes Blatt Papier, das Du und nur Du allein bemalst – mit Deinem bloßen Sein. Du bist hier, um Dich zu erinnern und nicht um zu lernen. Du hast alles in Dir – es geht nur um das Erinnern. Alles ist vollkommen zum vollkommenen Zeitpunkt – damit hast Du die vollkommene Möglichkeit, Dich vollkommen zum Ausdruck zu bringen.

Na vollkommen ist alles, wenn der Bonus stimmt und ich mir das neueste Modell meiner Lieblingsautomarke kaufen kann – denkt der Banker. Aber es geht weiter.

Du bestehst – wie eine Medaille – aus zwei Seiten, so die *Andere*: Deinem Wert (nein – ich meine nicht den Aktienwert) und Deiner Freiheit (nein – ich meine nicht die Freiheit, so viele Boni zu verdienen, wie es hergibt). D. h. wozu ermutigst und ermächtigst Du Dich – welchen Wert misst Du Dir bei –

was meinst Du zu verdienen (abseits der Börsen) – was gestattest Du Dir.

Der Banker schluckt merklich bei den deutlichen Worten. Das Würgen in seinem Hals wird immer stärker. Die Nackenhaare stellen sich auf. Flucht ist angesagt – nur wohin?!

Die *Andere* ignoriert mittlerweile die Abschweifungen und setzt ungerührt fort. Es ist ein ständiger Austauschprozess, der in Deinem Inneren abläuft, ein dauernder Resonanzprozess. Dabei setzt Du bewusst Grenzen, d. h. wer bist Du und wer sind die anderen. Dies ist wesentlich, um Deine eigene Identität zu bewahren und auch zu erweitern. Dabei gilt: Schade niemanden – auch nicht Dir selbst.

Mein Gott, denkt der Banker, geschadet wurde genug – beabsichtigt und unbeabsichtigt.

Die *Andere* merkt wieder die abgelenkten Gedanken. Sie spürt die aufkommende innere Unruhe des Bankers und fährt mit ruhiger Stimme fort. Wie alles funktioniert, ist im Grunde ganz einfach. Du musst nur einigen Prinzipien folgen und sie in Dein Sein integrieren.

Na – wenn sie meinen Bonus in die Höhe treiben und ich auch nächstes Jahr wieder mindestens zwei tolle Urlaube machen kann – und der Originalstuhl von Mies van der Rohe – der muss auch sein – antwortet es im Inneren des Bankers.

In die Stille hinein setzt die *Andere* geduldig fort. Die Welt ist, wofür Du sie hältst. Die Realität ist letztlich Fiktion, weil die Welt und Deine Wahrnehmung davon Deinen Gedanken folgt – klingt banal – hat jedoch enorme Auswirkungen, denn es gilt auf allen Ebenen Deines Lebens für alle Bereiche Deines Lebens; um dieses Prinzip zu leben, braucht es ein festes ‚ich will das', ohne von der schönen Möglichkeit in die unbedingte Notwendigkeit zu verfallen – gewiss ein Gratwanderung. Und die kann man üben, zu gehen.

Es gibt auch keine Begrenzungen – außer jenen, die Du selbst bastelst. Beschränkst Du Dich (=Freiheit) durch alte Gebote,

Verbote, Glaubenssätze, so ist automatisch Dein Wert be troffen (=denn Du darfst ja das eine oder andere nicht). Grenze und Begrenzung sind nicht dasselbe. Eine Grenze ziehst Du, um Deine Identität und Deine Wünsche zu definieren. Sie ist wesentlich, um Dich zu erkennen. Begrenzungen hingegen sind alte Muster, die Dich am Weiterkommen hindern. Oft existieren sie unbewusst – Du weißt gar nicht, dass es sie gibt – und dennoch sind sie da und halten Dich von Deinem eigentlichen Leben ab.

Ferner gilt, dass Energie der Aufmerksamkeit folgt, d. h. Du lenkst Deine Energie auf das, was Du willst – und nicht darauf, was Du nicht willst. Es gibt keinen stärkeren Magnetismus als Widerstand gegen eine Sache. Daher ist komponieren im Sinne von gestalten immer einfacher als opponieren im Sinne von Widerstand ausüben. Und diese Aufmerksamkeit des Fokus strahlt man dann auch aus.

Zudem: Jetzt ist der Moment der Macht. Es gibt weder ein Gestern noch ein Morgen – klingt eigenartig, ist jedoch so – das wussten im Übrigen schon die Quantenphysiker wie Einstein. Es gibt nur ein Jetzt – und das ist die Zeit zwischen zwei Atemzügen – also nicht mehr als drei Sekunden. Es geht um den berühmten *Augen-Blick*. Denkst Du an gestern, so erinnerst Du Dich – das Gestern lebt im Gefühl und im Gedanken wieder auf. Für das Morgen gilt ähnliches – Du lebst in einer *Vor-Stellung* und nimmst Dir etwas vor – tun kannst Du es nur Jetzt. Und nur dieses Jetzt kannst Du beleben und genießen.

Wenn Du es schaffst zu glauben – Alle Macht kommt von Innen und wie kann man hier eingreifen – fragst Du, die eigentliche Frage des Bankers vorwegnehmend. Gestaltung ist nur über das Innen möglich, d. h. über die Software. Dies meint, dass es ein Betriebssystem (=Deine Prägungen), Software (=das Leben Deiner Prägungen, die Du auch verändern kannst, d. h. es gibt dann ein Software-Update), eine Firewall (=ein strategisches Schutzsystem – meistens über das Unterbewusstsein) und einen Virus Scan (=ein taktisches Schutzsystem, das Du bewusst einsetzen kannst) gibt. Manches Mal ist eine Festplattenformatierung hilfreich, d. h. man ändert etwas durchaus radikal. Dies tut man jedoch nicht täglich. Es würde Dich überfordern – und es ist gar nicht notwendig. Wesentlich ist, nicht hektisch zu sein und zu wollen und zu machen, denn das bringt die Seeleninsel zum Kentern. Es reicht eine Quantenänderung, eine kleine, scheinbar unmerkliche Veränderung – und Du erreichst die nächste Umlaufbahn. Das Quant steht hier als metaphorischer Ausdruck für eine sehr, sehr kleine Änderung im Verhalten, in der Wahrnehmung, in der inneren Haltung. Was ich meine, so die *Andere*, ist, dass es nicht um den *Big Bang* im Sinne von dramatischen, großen Veränderungen mit hoher Radikalität geht, sondern um das Bewusstmachen des sogenannten Kleinen, das letztlich Großes bewirkt. Ändere ein Quant – und Du bewirkst Großes, Weites.

Es gilt dabei: Wirksamkeit ist das Maß der Wahrheit. D. h. alles angelesene Wissen ist fein – ohne Anwendung weißt Du jedoch nie wirklich, was los ist. So kommt auch jeder zu seiner eigenen Wahrheit – und die kommt von innen. Du machst regelmäßig Deinen Virenupdate, d. h. was kommt von außen herein bzw. von innen hoch und beeinflusst Dich in einer für Dich ungünstigen Art und Weise? Zudem machst Du ein regelmäßiges bewusstes/unbewusstes Softwareupdate – Du übernimmst neue gedankliche, geistige Muster. Dies ist Deine geistige Weiterentwicklung – ohne probieren geht da nichts. Im Hardwarebereich – also im Außen – da arbeiten jene, die sehr auf der physischen Ebene verhaftet sind. Wer kauft sich schon monatlich oder gar wöchentlich einen neuen Laptop? Im geistig-energetischen Bereich hingegen wird noch immer zu viel im Außen getan. Dabei braucht man für das Softwareupdate und das Virenschutzprogramm tatsächlich nur einen Knopfdruck – man folgt den angeführten Prinzipien.

Der Banker ist über die moderne Sprache der *Anderen* erstaunt. Irgendwie fühlt er sich mehr und mehr abgeholt und mitgenommen.

Die *Andere* kommt auf ein Kernthema zu sprechen. Du suchst das Besondere, ohne zu wissen, wer Du bist. Du machst Dein Leben kompliziert, schaffst Dir mehr Probleme, als Du jemals bewältigen können wirst. Du bist wie ein Krieger – ohne oft zu wissen, wofür Du kämpfst und wie Du am zielführendsten dabei vorgehst. Du kämpfst den blinden Kampf der eigenen Zerstörung. Die natürliche Freude der Menschen, sich selbst Herausforderungen auszudenken, um diese anschließend zu meistern, findet keinen Platz mehr in der tagtäglichen Suche nach Lösungen der so komplex gewordenen Probleme. Dabei ist es leicht, ganz leicht, das Leben als Schöpfung wahr zunehmen – und dann wird es ein freudvoller Kampf in der Bewusstheit des unendlichen, bedingungslosen Seins. Je lebendiger sich die Beziehung zu allem, was Dir im Leben begegnet, gestaltet, umso selbstverständlicher meistert sich jede Dich fordernde Situation aus Dir selbst heraus.

Der Banker war ganz still geworden. Andächtig hatte er den Worten der *Anderen* zugehört. Auch etwas, das er schon länger nicht gemacht hatte.

Zum ersten Mal getraut er sich, eine Frage zu stellen.

Was muss ich können, um mich selbst zu führen und andere zu führen?

Die *Andere* atmet hörbar durch. Die Antwort ist einfach und bestechend. Nur wer sich selbst ermutigt, ermächtigt und lobt, kann andere ermutigen, ermächtigen und loben – und damit führen! Achte das Kleine, das Quant, das Unbewusste. Begreife und forme die Zwischenräume und Zwischenzeiten. Es sind die scheinbar kleinen Momente und Schritte und weniger die großen, scheinbar durchdringenden Aktivitäten, die zählen. Quanten zählen und nicht *Big Bangs.* Es sind die Nachhaltigkeit, das Dranbleiben, die Disziplin und die Hingabe – und nicht die schnelle Nummer. Dies gilt ganz besonders in der Zeit, in der Du Dich jetzt befindest. Zurzeit liegen eine hohe Verdichtung und Beschleunigung der Zeit vor. Der Raum wird gestaucht gefühlt. Die Zeit hat etwas Zeitloses an sich. Du musst Dir ein neues Raum-Zeit-Empfinden suchen, Deine Raum-Zeit und Deinen Zeit-Raum neu erobern und definieren.

Es geht dabei um Authentizität, um das Vereinen von rationalem und spirituellem Wissen. Zusammen ergeben Rationales und Spirituelles eben genau dieses *Vereinte Wissen* – auch eine besondere Form von Alchemie. Du lebst in einer Sowohl-Als-auch-Zeit, in der beides wichtig ist und zu einer Symbiose gebracht werden will. Ansonsten bleibst Du entweder verkopft oder aber Du rutscht in die vielkritisierte Eso-Szene ab. Beides im Extrem gelebt ist nicht sinnvoll und auch nicht hilfreich.

Die beiden Seiten sind grundsätzlich verschieden, sollen sich nicht aneinander angleichen, sondern Du musst die Andersartigkeit erkennen und sie ganz bewusst und konsequent anwenden. Du brauchst beides in einem harmonischen Gleichgewicht – jetzt ganz besonders. Es geht darum, das jeweils andere – das Rationale und das Spirituelle – anzuerkennen als das was es ist – nämlich dass es nicht besser oder schlechter ist, sondern anders. Beide Seiten sind gleichbedeutend und bedürfen der gleichen Achtung. Sie sind jedoch nicht gleich in Inhalt, Form und Qualität. Es geht immer darum, beides anzuerkennen und wertzuschätzen. Dazu braucht es keinen Kampf, sondern es braucht die bloße Anerkennung dessen, was ist. Die Kunst, und es ist wahrhaftig eine Kunst im Sinne einer Alchemie, ist das Finden und Leben des *Vereinten Wissens.*

Dabei geht es um das Verbinden von Punkten, um *connecting the dots.* Es geht darum, mit Menschen Verbindung aufzunehmen und nachhaltig herzustellen – auch eine Form von *connecting the dots.* Dies meint, dass Du Dich immer wieder fragen musst, ob Du verbindest und wenn ja, was und wen Du womit verbindest? Verbindung aufzunehmen bedingt, dass es Dir gelingt, Vertrauen zu schaffen. Dann hast Du die Möglichkeit, einen Organismus entstehen zu lassen. Das ist beim Führen von Teams ganz besonders wichtig. Wie willst Du mit anderen Menschen Verbindung aufnehmen, wenn Du es nicht einmal mit Dir selbst schaffst? Du kommst n selbst in eine Einheit in Vielfalt, in ein organis Letztlich geht es beim Führen von sich selbst und um die Übersetzung von Fakten und Gefühlen zu e Form von gemeinsamem Atmen und sich miteinander …uden. Kompromisse kannst Du aufgrund des Umfelds machen, jedoch niemals im Inhalt und seiner Qualität.

Beim Leben dieses *Vereinten Wissens* geht es um das Überwinden von eigenen und fremden Grenzen – auf allen Ebenen des Seins – und es geht darum, das auch zu leben – mit allem Risiko – denn: das Leben findet nicht im Versuchslabor und klar definierten Bedingungen statt, sondern birgt Risiko und Zufall, fordert zur Kreativität, Umsicht und Übersicht auf und stellt den Menschen ins Zentrum.

Dabei begegnet man sich selbst und anderen dabei als brillanter Welteroberer und feinfühliger Poet. Man braucht wiederum beides – für sich selbst und für die anderen – am Weg zum *Vereinten Wissen.*

Wie komme ich dazu? Gib mir Beispiele – so der Banker.

Die *Andere* lächelt sanft und beginnt zu überlegen. Stille breitet sich zwischen den beiden aus. Im Wagen ist es mittlerweile warm geworden. Die Scheiben sind vom Atem beschlagen. Alles scheint für den Banker wie in einem Kokon – im *Vereinten Wissen,* im Gleichklang von Amplitude und Frequenz.

Nach einigen Momenten setzt die *Andere* an. Du brauchst vor allem das Wissen, was ist, die Klugheit, es anzuwenden und die Demut, um lebend zu Antworten zu gelangen. Lass mir die Dinge allgemein darstellen und dann mit Beispielen unterlegen. Dann hast Du Anregungen, die Du durch gezieltes Üben mit Disziplin und Hingabe zu einem Teil Deines Seins machen kannst. Es ist der Einzelne, der jetzt gefragt ist – und der kann mehr tun, als er vielleicht auf den ersten Blick glaubt. Dann kann es zu einer sinnvollen Kombination aus Intuition, technischem Wissen und Möglichkeiten, Empathie – und auch ein bisschen Anarchie kommen.

…ie Bühne des Führens: oder sich auf den Weg machen

Die *Andere* lehnt sich im bequemen Sitz zurück, genießt die Stille und beginnt zu räsonieren, während der Banker die Augen schließt und nur zuhört:

Fachwissen ist ganz entscheidend für Deinen beruflichen Erfolg. Ich nehme an, da bist Du bestens versorgt. Wie ich sehe, beherrscht Du Dein Handwerk. Da muss ich Dir nichts erzählen – das hast Du drauf.

Neben diesem Handwerkzeug, gibt es etwas, das ich als *Bühnenhintergrund* bezeichne. Da sehe ich immer wieder Entwicklungsmöglichkeiten. Fehlt Dir das Wissen zu diesem Hintergrund, dann kannst Du nicht in das *Vereinte Wissen* aus Verstand und Spirit gehen. Dann fehlt Dir ein wesentlicher Schlüssel zur Authentizität. Wahrscheinlich ist Dir Authentizität gar nicht möglich, denn Du lebst nur eine Seite und lässt ein weites Feld ungenutzt. Es ist wie ein blinder Fleck in Deinem Sein.

Dieser Bühnenhintergrund besteht aus ganz unterschiedliche Ingredienzien hat. Vieles läuft bewusst – genau so vieles läuft nicht bewusst. Und dennoch existiert es. Es läuft mit großer Selbstverständlichkeit im Hintergrund. Daher nenne ich es Bühnenhintergrund.

Lass uns darauf einen allgemeinen Blick machen.

Du hast *drei große Ebenen*:

1. eine *allgemeine Ebene,* die ich das Große Kraftgewebe nenne,
2. eine *individuelle Ebene,* die für Dich persönlich gilt, und
3. eine *Ebene der Gruppe,* des Teams.

Diese drei Ebenen sind miteinander verwobenen. Man kann sie sich auch als ineinander verschränkte Kreise vorstellen. Um sie zu erfassen, muss man sie einerseits auseinander halten, um die Spuren der Entwicklung erkennen zu können. Andererseits fließt alles im gelebten Sein ineinander.

Klingt kompliziert, ist es jedoch nicht – Du lebst es ja sowieso. Daher lohnt sich ein Blick auf das, was eben ist.

Lass uns also beginnen, einen näheren Blick auf die einzelnen Bestandteile zu machen und Beispiele dazu zu finden. Dann wird dieser Bühnenhintergrund noch lebendiger und Du hast eine Anleitung, wie Du es bei Dir anwenden kannst.

»

Authentizität erreicht man nur, wenn man den gesamten Bühnenhintergrunds erkennt, bespielt und damit lebt. Zudem bedarf es der Kombination mit dem jeweiligen Fachwissen. Es geht also um das Vereintes Wissen.

Das Große Kraftgewebe, oder: nur wer Wurzeln hat, dem wachsen Flügel …

Das *Große Kraftgewebe* ist ein äußerst vielfältiges Feld, das ein hohes Maß an Verbundenheit aufweist. Es umfasst

- » die Basisprinzipien,
- » die 4 Ebenen der Wahrnehmung,
- » die Polaritäten,
- » das Dramadreieck,
- » Zyklen und Entwicklungen,
- » Kompositionsmethoden,
- » den Dialog zwischen Beobachter und Beobachtetem und
- » Disziplin und Hingabe.

Alles folgt dabei einer inneren Ordnung und Logik. Und diese Ordnung und Logik zu nutzen, erleichtert und erhellt vieles. Man erreicht rasch den Punkt, dass Dinge nur so und nicht anders laufen können, nur so und nicht anders lebbar sind – zwingend und harmonisch zugleich. Dies führt zu einer individuellen Lebensarchitektur – und die ist einzigartig und nicht wiederholbar. Es ist also nicht die Hermetik, sondern die Symbiose, die das Erfolgsgeheimnis ist.

Lass mich auf die einzelnen Elemente dieses *Großen Kraftgewebes* eingehen. Dann wird Dir manches klarer und Du kannst vieles, das Dir im täglichen Leben begegnet, erklären und so auch leichter annehmen.

Basisprinzipien, oder: warum braucht es Grundsätzliches?

Basisprinzipien sind Prinzipien, die jeder von uns lebt, mal mehr, mal weniger, mal bewusst, mal weniger bewusst. Sie greifen ineinander und bedingen einander und sind dem, der sie in Demut anwendet, eine Partitur zur Gestaltung des eigenen Lebens und damit auf zur Leadership. Es ist ein imaginäres Gewebe, das sich paradoxerweise in Deinen Erfahrungen zeigt. Bei den Basisprinzipien handelt es sich nicht um Naturgesetze, sondern um beobachtbare Entwicklungen. Sie sind vorhanden und aufgrund von Erfahrungen belegbar. Es sind Leitprinzipien, die einen durch die Untiefen und Klippen des Seins navigieren. Sie sind ein Kompass, ein GPS, ein sanftes und doch sehr kraftvolles Gewebe, und sie sind vor allem sehr beständig.

Es ist auch kein starres Lehrgebäude dogmatischer Natur, sondern vielmehr etwas Gelebtes und damit Belebtes und bietet eine Richtschnur, wenn man diese Prinzipien kennt und sie in seine Überlegungen zur Leadership einbezieht. Sie sind Anleitung zur Eigenverantwortlichkeit, bieten jedoch keine sogenannte Gelinggarantie.

Es gibt vier Basisprinzipien:

1. *Alles ist durch Prinzipien geregelt, ohne dabei ein konkretes Ergebnis vorzugeben.*

   Vieles lässt sich erkennen, jedoch nicht mathematisch exakt hinsichtlich Form und Gestalt berechnen. Diese Prinzipien laufen im Geschehenshintergrund und schaffen Fakten und Kontext. Dies zeigt sich in dem später noch vorzustellenden Resonanzprinzip und seinen Ausformungen. Ähnliches gilt für Zyklen, denen Du unterliegst, wie z. B. den Jahreszeiten, und den Polaritäten, in denen Du lebst, wie Tag und Nacht.

2. *Für die großen Entwicklungen gibt es ein Ziel.*

   Menschliches Sein ist zielorientiert, selbst wenn sich die Ziele oft für das menschliche Wahrnehmungssystem erst spät enthüllen. Diese Ziele werden sowohl bewusst als auch unbewusst vom einzelnen ausgesucht und Kraft der Resonanz kommuniziert und realisiert. Die aktuelle Wirtschaftskrise zeigt dies ebenso, wie scheinbar unbegründeter Hass und Neid gegenüber Einzelpersonen und Personengruppen.

3. *Allen Entwicklungen liegt Selbstähnlichkeit zugrunde, selbst wenn sich kein offensichtlicher Zusammenhang erkennen lässt.*

   Impulse aus der Vergangenheit können dazu führen, dass sich – scheinbar ohne Zusammenhang – etwas im Jetzt neu in selbstähnlicher Form manifestiert. Dies liegt auch am fließenden Übergang zwischen gestern-heute-morgen. Und es liegt daran, dass sich achtzig Prozent der faktischen Ereignisse auf unbewusste Schöpfungen zurückführen lassen. In der Wirtschaftskrise zeigt sich eine Meta-Makro-Mikro-Identität. D. h. die großen Entwicklungen beeinflussen auch das Individuum – ob man will oder nicht – der Einfluss ist vorhanden. Die Banken- und Schuldenkrise einzelner Staaten hat auf das gesamte europäische System durchgeschlagen – mit unterschiedlicher Intensität. Davon konnten sich auch viele Einzelne nicht ausnehmen. Es ist jedoch immer die

Frage, was man auf der Einzelebene daraus macht – weiter spekulieren und gierig auf Gewinne schielen – oder mit dem Vermögen sinnvoll und verantwortungsvoll umgehen.

Ähnliches gilt, wenn eine Einzelperson in einem politischen Gefüge ausreißt, dann sind – oft ohne direkten Zusammenhang – andere Einzelpersonen und Großgefüge betroffen. Denk dabei an den Beginn der *Arabellion,* die von einer Einzelperson ausgelöst, wenngleich auch nicht begründet wurde.

4. *Symbiotisches Bewusstsein wird durch Paradoxa erweitert.*

Nur der scheinbare Widerspruch erweitert das Leben in seiner Vielfalt und Vielschichtigkeit. These und Antithese führen zur Synthese. Gleichmacherei hingegen führt zur Stagnation und damit zu einer Form des Todes. Dies zeigt sich z. B. bei Gesamt- und bei Unternehmensstrategien, wo man nach dem These-Antithese-Prinzip, also den gewollten oder auch ungewollten scheinbaren Widerspruch zu einer neuen Lösung kommt. Ähnliches findet man in der Psychologie, wo man über eine paradoxe Intervention, also man tut genau das Gegenteil von dem was erwartbar ist, zu einer Entspannung und Lösung einer Lage kommt. In gesellschaftlichen Entwicklungen, die konfliktbeladen sind, ist ein Gespräch bzw. ein Angebot zum Waffenstillstand Ausdruck des Paradoxons.

» ***Diese Basisprinzipien sind konkret beobachtbar. Manches Mal kann man sie in der jeweiligen Beobachtung separieren; oft fließen sie ineinander, weil die Trennung im menschlichen Gehirn stattfindet, stattfinden muss, da man ansonsten mit der Erfassung und Einordnung Probleme hätte – zumindest am Beginn einer Beobachtung.***

4 Ebenen der Wahrnehmung, oder: das Glas kann nicht nur halb voll oder halb leer sein

Wahrnehmungsebenen bilden die Grundlage für Veränderung der eigenen Perspektive. Vereinfacht gibt es vier Wahrnehmungsebenen, die ineinander verschachtelt sind, wie eine russische *Matroschkapuppe*.

Im Innersten der Puppe findet sich die *körperliche* Ebene, Dein physisches Dasein, Dein Körper wie Du ihn kennst und alles was damit verbunden ist; sie wird von der *mentalen* Ebene, den Gedanken und Vorstellungen umgeben, d. h. von Deinen Erfahrungen und Erwartungen und all den inneren Bildern, die Du darum rankst. Darum legt sich die *seelische* Ebene, der mythische Bereich – er ist auf den ersten Blick wenig fassbar, mehr fühlbar. Und doch ist das Seelengedächtnis deutlich stärker als das klassische Gedächtnis – es überschreitet Raum und Zeit, und wird vom *Spirit,* der reinen Energie, umgeben. Diese Ebene verbindet jeden mit jeden und ist für viele noch weniger vorstellbar als die Seelenebene – und doch ist sie präsent und viel kräftiger als Du meinst.

Probleme auf einer Ebene lassen sich nur in der übergeordneten Ebene lösen – jedenfalls nicht in der Ebene, in der das Problem entstand. D. h. ein Thema auf der materiellen Ebene, z. B. Geldmangel oder gesundheitliche Fragen, kannst Du nur auf der darüber liegenden Ebene, der gedanklichen Ebene, lösen. Denk daran – viele Krankheiten beginnen im Kopf. Ein Überspringen im Lösungsverfahren ist inhärent nicht möglich, weil dies nicht zielführend ist.

Es geht hier nicht um einen Wahrnehmungswettbewerb, sondern um das bewusste Umgehen mit den Möglichkeiten, die die jeweilige Ebene anbietet. Es ist keine besser oder schlechter. Die Ebenen basieren aufeinander, sind ineinander verwoben und bedingen einander. Es hat also keinen Sinn, in die Bewertung zu gehen und sich nur mehr auf einer Ebene, möglichst weit ‚oben', aufzuhalten. Es ist vielmehr das Er-

Flügel …

… Ebenen, ihrer Hintergründe und Möglichkeiten, …n, um bewusst zwischen den Ebenen zu *switchen.*

…s einen Blick auf die einzelnen Ebenen tun.

KÖRPER UND MATERIE, ODER: DER AUSDRUCK IM AUSSEN

Die innerste Ebene, die erste Ebene wird durch den Körper und die Materie symbolisiert. Sie ist die Ebene des Kampfes, des ‚sich eines Problem-stellens'. Hier findest Du neunundneunzig Prozent reine Materie und ein Prozent Energie.

Für sich betrachtet, könnte man diese Ebene negativ bewerten; dies wäre jedoch kontraproduktiv. Hier geht es um das praktisch Machbare, das Verständliche und Umsetzbare und nicht um Kunstgriffe und wattige Visionen.

Es gibt kaum Zeit zum Nachdenken in der Umsetzung. Es wird stark instinktiv gearbeitet. Ein Schritt wird vor den anderen gesetzt. Es geht ums Überleben – und dafür ist diese Ebene hervorragend geeignet. Der Automatismus sichert den unmittelbaren Moment.

Du wendest eine Strategie ohne viel Nachdenken an, weil Du hoffst, dass Dein Überleben dadurch gesichert wird – jedenfalls für eine bestimmte Zeit, die Dir Raum lässt, um auf die anderen Ebenen zu gehen und zu sehen, was dort angeboten wird.

Keine Strategie kann ohne die Berücksichtigung der materiellen Ebene auskommen, nur – sie darf nicht dort hängen bleiben, denn dann stagniert sie. Auf dieser Ebene bist Du primär Handwerker. Man wendet erlernte Instrumente in einer koordinierten Art und Weise an. Es geht dabei um das schrittweise Zusammensetzen von Konkretem.

Jeder Musiker ist mit dem Erlernen der Grundlagen wie der Tonleitern und Tonarten, der Notenschrift, der diversen Ausdruckszeichen und der Musikgeschichte befasst; dies gilt für jedes Instrument. Manches Mal muss man noch eine eigene Notenschrift dazulernen, z. B. beim Schlagwerk.

Ein Tischler hat sich mit Materialarten, mit den Möglichkeiten des Zusammenfügens, d. h. mit dem Schrauben, dem Leimen, dem Nageln oder dem Stecken auseinanderzusetzen. Ferner muss er mit Grundkenntnissen der Geometrie und Mathematik vertraut sein. Nur dann weiß er, was er wofür einsetzen kann – und die Chance, dass das Möbelstück hält, ist dann relativ hoch.

Als Banker bedarf es eines mathematischen und ökonomischen Grundverständnisses. Man muss wissen, wie Bilanzen zu erstellen sind, man muss sie lesen können und die Bedeutung dahinter ausnehmen können. Nur dann kann man Einschätzungen über ein Unternehmen vornehmen, ohne in die pure Spekulation abzugleiten.

Im Militär muss man die Einsatzgrundsätze ebenso kennen wie die Friedensorganisation. Man muss Wissen zu den einzelnen Waffengattungen ebenso haben wie zum Kampf verbundener Waffen (d. h. wie wirkt wer mit wem wann zusammen). Dies ist besonders bei aktuellen Einsätzen unabdingbar. Dabei ergeben sich auch immer wieder neue Spielformen der Auseinandersetzung wie die Konflikte in Afghanistan und im Irak illustrieren. Manches erscheint dann banal und sehr *hands on,* wie die sogenannten *improvised electronic devices* zeigen (d. s. die oft im Straßengraben lauernden Sprengfallen aus einfachsten Mitteln). Hochtechnologie ist dann nur in ganz bestimmten Bereichen einsetzbar (z. B. in Form von Drohnen). Handwerk definiert sich dann immer wieder neu – nur – es bleibt Handwerk in seiner Essenz.

Die Anforderung, das Handwerk zu beherrschen, gilt auch für Wissenschafter. Bei ihnen sind es die unterschiedlichen Theorien und Methoden. Es geht dabei nicht nur um ein stupides Auswendiglernen, sondern um ein anwendungsorientiertes Erfassen der Möglichkeiten, die theoretische Konzepte und die dazugehörigen Methoden anbieten. Dies zu erlernen und sinnvoll anzuwenden, ist für viele Wissenschafter eine große Herausforderung, an der auch so manche scheitern – auch wenn sie sich weiter als Wissenschafter bezeichnen. Es ist auch nicht wirklich sexy, sich mit diesem Handwerk auseinanderzusetzen – dennoch – es ist unabdingbar.

» ***Körper und Materie sichern die Grundlagen und die Existenz.***

VERSTAND UND GEDANKEN, ODER: DIE TREIBER IM INNEN

Die zweite Ebene wird durch den Verstand, durch die Gedanken und die emotionale Wahrnehmung repräsentiert. Hier wird ausgiebig analysiert, zergliedert und angeschaut. Es wird auseinandergenommen, diagnostiziert und wieder zusammengesetzt und therapiert.

Mit dem Verstand deutest Du Deine Realität aufgrund Deiner Erfahrungen und Erwartungen; die Gedanken beeinflussen Deine Erfahrung und Erwartungen; die Dinge sind nicht unbedingt so, wie sie auf materieller Ebene erscheinen mögen.

Es ist die Ebene von Chance und Problem, die in der Herausforderung münden. Du hast die Möglichkeit, eine Krise auch als Chance zu begreifen und aus dieser etwas für Dich zu machen – alles eine Frage der Perspektive.

Hier kommt erstmals ein kreativer Gestaltungsaspekt herein. Gelingt es, die Überzeugungen, Vorstellungen, Neugierde, Wissbegierigkeit, Empfindungen und Gefühle einzubringen, so wird die Kreativität noch zusätzlich gesteigert und das Gewünschte in Bewegung gebracht – zuerst im Innen.

Es ist das geschriebene Konzept, das Visionen umfasst, das auf Überzeugungen zu einem Thema beruht und Interessen und Emotionen umfasst. Das Amalgam aus Gedanken, Vorstellungen, Empfindungen, Visionen, alten Mustern und Überzeugungen hat dabei eine große Kraft. Es ist deutlich feiner als die roh anmutende Kraft der materiellen Ebene. Und doch sind beide wichtig, denn was nützen einem die besten Ideen, wenn sie nicht materialisiert werden und ein Traumgespinst bleiben?!

Vorstellungskraft bewusst gemacht ist eine ungeheure Quelle zur Gestaltung der eigenen Realität. Hier fängt es bereits an, bei vielen zu fehlen. Vielmehr schlingerst Du ein wenig orientierungslos herum und wunderst Dich, warum manches nicht so läuft, wie Du es Dir wünschst. Auf dieser Ebene bist Du primär Denker und Ideengeber.

Jedes Unternehmenskonzept beginnt mit einer Geschäftsidee, einem Gedanken, der der Ausformulierung bedarf, der Konkretisierung (= erste Ebene, Materie). Ohne diesen Impulsgedanken geht gar nichts. Oft ist dieser Impuls innovativ oder Bekanntes in einen neuen Rahmen verpackt. Versehen mit der nötigen Emotion gerät der Impuls in Schwingung und somit in Bewegung.

Es gilt auch als erwiesen, dass man sich ein Ergebnis bildlich vorstellen können muss. Ansonsten ist das Erreichen, d. h. das in die Materie bringen, nahezu unmöglich. Denn – was man sich vorstellen kann, wird möglich. Wenn man sich etwas gar nicht vorstellen kann, dann ist die Realisierung schwierig – wie soll man denn die Umsetzung überhaupt erkennen, wenn das innere Bild dafür fehlt!? Bevor also die Idee konkret ist, muss sie in Gedanken und im Gefühl vorhanden sein.

Schispringer waren im Spitzensport in den 1970er Jahren die ersten, die mental, d. h. in Gedanken ihre Sprünge erlebten, bevor sie in der Materie stattfanden. Der Sprung lief wie in einem Film im Kopf des Athleten ab. Daraus wurden eine Reihe von Olympiasiegern und Weltmeistern – bis heute im Übrigen, wenngleich die Methoden mittlerweile verfeinert, ausgeweitet und sehr verwissenschaftlicht wurden (z. B. in Form der Audiovisuellen Wahrnehmungsförderung).

Schirennläufer folgten diesem Beispiel. Wenn man sie in der Rennvorbereitung beobachtet, wie sie im Geist die Strecke durchgehen und sie mit geschlossenen Augen und begleitenden Handbewegungen abfahren, dann setzen sie genau hier ihre Vorstellungskraft ein – oft mit großem Erfolg.

Manager stellen sich Sitzungs- und Gesprächsabläufe vor. Manche üben dies vorab, um ein Gefühl und eine Vorstellung für die Möglichkeiten zu bekommen. Wenige reden darüber, weil es ihnen als Unsicherheit ausgelegt werden könnte. Eigentlich schade – denn sie sind ein Beispiel für Imagination und damit für Erfolg.

Gedanken und Vorstellung führen zur Materialisierung nach der Analyse.

SEELE UND TIEFE, ODER: MIT BESEELUNG DIE GEDANKEN IN DIE MATERIEN ÜBERSETZEN

Die dritte Ebene ist die Seele, die Ebene der Hintergründe und Tiefen. Die Seele ist das Reich der Mythen, der Bilder, der Musik und der Dichtung. Auf dieser Ebene kommst Du mit dem Verstand nicht weiter. Alle bisherigen Erfahrungen sind Teil Deines Heldentums. Es ist die Ebene, wo man effektiv verändern kann, Wachstum erfährt und in die Entwicklung geht. Es ist die Ebene, wo Du von einer Sehnsucht getrieben wirst, vom Brennen im Herzen, vom inneren Wunsch, zu gestalten und zu verändern. Ein geschriebenes Konzept ist dann nicht mehr nur das Papier und das geistige Konzept, sondern es ist eine Komposition, die eine Vision und eine Herzensbotschaft umfasst.

Dies fassbar zu machen, also zu übersetzen, fordert mächtig. Hier bedarf es einiges an innerer Bewegung, um in der scheinbar rationalen Welt ernst genommen zu werden. Es bedarf einer hohen inneren Überzeugung und eines tiefen Glaubens, dass diese Haltung die richtige ist, gleich, was das Umfeld meint, denn – die Verantwortung bleibt immer bei Dir.

Auf dieser Ebene bist Du primär Poet des Lebens und der Aufgabe, wobei Du wissenschaftliches und künstlerisches Wissen kombinierst. Unter Kunst wird hier als das Kreativinspirierte, das Versuchen ohne Gelinggarantie verstanden. Gleichzeitig bleibt die Intellektualität gewahrt, ohne dass sie zur reinen Kopfarbeit verkommt und damit wieder der ersten Ebene zuzuordnen ist. Diese Ebene ist keine einmalige Geschichte. Sie wird besonders dann eingesetzt, wenn man mit einer völlig neuen Aufgabe beginnt. Auch in Phasen mit gewissen Durchhängern und Schwierigkeiten hilft einem diese Ebene sehr, wieder aus dem Loch herauszukommen. Dann besinnt man sich gemeinsam wieder auf die gemeinsame Herzensbotschaft – und diese ist kurz und eindrücklich zu formulieren, denn sie muss ja weitertreiben.

Diese Ebene zeigt sich in der Kunst und in der Wissenschaft. Es ist die Ebene vom Leader als Dirigent und vom Dirigent als Leader; es ist die Ebene eines Welser-Möst, eines Barenboim, eines Karajan, eines Furtwängler, eines de Billy oder eines Metzmacher – und hier trifft man auch Frauen wie Simone Young. Auf dieser Ebene begegnet man Mozart, Beethoven, Haydn, Verdi, Schubert, Schumann, Wagner, Strauss, Schreker, Hartmann, Nono und Rihm oder Olga Neuwirth. Man trifft da Vinci, Michelangelo oder Botticelli – und Maria Lassnig.

Auf dieser Ebene sind die genialen Berater, die Visionäre à la Steve Jobs (der Applegründer) oder Richard Branson (der Gründer von Virgin und jener Mann, der die Privatisierung des Weltraumfluges massiv mitgestaltet); es ist die Welt des Steve Fossett (der die Weltumrundung im Ballon versuchte), einer Wanda Rutkiewicz-Błaszkiewicz und einer Gerlinde Kaltenbrunner (beides großartige Extrembergsteigerinnen).

Und – es die Welt der unzähligen großen und kleinen Erfinder (z. B. Edison), die Welt der Autobauer (z. B. Ferdinand Porsche) mit neuen Motoren, die irgendwo in einer kleinen Garage oder in einem Labor ihren Anfang nehmen – oft ohne Beachtung von außen. Oder der Quantenphysiker (z. B. Albert Einstein; Nils Boor; Max Planck, Steve Hawking, Peter Higgs), die ganze Theorien über den Haufen werfen, und sich in schwarze Löcher wagen. Hier trifft man eine Lise Meitner und eine Marie Curie. Es sind jene, die zu beamen beginnen und kleinste Teile auf eine für viele sonderbar erscheinende Reise ohne Ankommgarantie schicken (z. B. Anton Zeilinger).

Hier findet man die intellektuellen Abenteurer auf ihrer spirituellen Odyssee, die z. B. Leadership und Dirigieren miteinander verbinden und für Komponisten in ihrem Gedankennetzwerk einen Platz finden. Es ist eine Ebene von großer Beglückung und Beseeltheit, eine Ebene, wo man immer wieder im *Flow* ist, wo die Dinge einem leicht von der Hand gehen, weil man in seiner eigenen Begabung agiert und das Hirn ausschaltet, ohne die Intellektualität zu verlieren.

»***Auf der geistigen Ebene findet Poesie des Lebens statt – als intellektuelle und künstlerische Ausdehnung von scheinbaren Grenzen, die sich in der Materie und in den Gedanken finden.***

SPIRIT UND INSPIRATION, ODER: MIT BEGEISTERUNG ZUM ERGEBNIS

Die vierte Ebene wird durch den Spirit symbolisiert. Es ist die Ebene des Gewahrseins und der Weisheit. Auf der Spiritebene geht man in die Adlerperspektive. Der Adler hat die Fähigkeit, die Maus am Boden genauso zu sehen wie das Gesamtbild im Auge zu behalten. Hier erfasst Du nicht mehr mit all Deinen Sinnen, sondern Du erlebst. Der Kopf hilft Dir dabei nur sehr wenig – Du musst den Quantensprung wagen.

Die Realität besteht auf dieser Ebene zu neunundneunzig Prozent aus Bewusstheit und zu einem Prozent aus Materie. Auf dieser Ebene wird in Energie gesprochen. Es lässt sich nicht mehr in Worte und Bilder fassen, was da in einem abläuft. Dies ist die Ebene des Eins-Seins, die man z. B. dann empfindet, wenn man ein Konzept als Komposition fühlt und ‚es' einen führt und schreibt – man benötigt nur mehr ganz wenig Energie dafür.

Diese Ebene lässt sich quantentheoretisch am ehesten fassbar machen. Alte Weise wie z. B. die Laika (d.s. südamerikanische Schamanen und Heilerinnen) und buddhistische Meister und Meisterinnen bringen uns näher, wie man ‚es' macht, auf dieser Ebene zu sein.

Auf dieser Ebene erkennt man die verborgene Vernetztheit und die Synchronizität der Realität. Die Zeit ist nicht mehr nur linear und als Pfeil darstellbar, sondern sie ist auch nichtlinear und dreht sich wie ein Rad. Man spricht von einer polychronen Zeit, d. h. die Zeit weist mehrere Schichten auf. Es kommt zu Synchronizitäten, d. h. es geschehen Ereignisse scheinbar *zufällig*. Was man also Glück oder Zufall nennt, ist auch ein wesentlicher Grundsatz – so wie Ursache und Wirkung. Es fällt einem etwas zu, weil es ist jetzt fällig ist.

Auf dieser Ebene bist Du primär gesellschaftlich-politischer und/oder persönlicher Schamane und Heiler, der sein Wissen in höchstmöglicher Verantwortung lebt.

Diese Ebene betritt man z. B. beim Erstbesteigen eines Berges, den man sich längere Zeit vorgenommen hat und dessen Gipfel man dann erreicht. Man hat das Gefühl, dem Himmel nahezu sein und verspürt dabei eine Form von Eins Sein.

Ähnliches geschieht, wenn man ein lange erarbeitetes Ziel erreicht. Es ist eine Mischung aus Freude, Erleichterung und angekommen Sein, die einem dann erfüllt.

Ganz anders und auch auf dieser Ebene ist der vollkommene *Flow,* wenn man bei einer Tätigkeit völlig eins mit sich selbst ist und man in einer Aufgabe aufgeht. Kindern bis zum etwa dritten Lebensjahr ist diese Ebene von Natur aus mitgegeben. Wenn man sie beim Spielen beobachtet, ist ihrer Phantasie keine Grenze gesetzt. Sie halten die Welt, die sie sich ausmalen, für real. Nach dem dritten Lebensjahr verlieren sie diesen Zugang mehr und mehr.

Geniale Komponisten wie Mozart oder Beethoven haben auf dieser Ebene ihre besten Kompositionen geschrieben, erdacht, erfühlt. Es sind die Werke, die an die Menschheit gerichtet sind, z. B. Beethovens neun Symphonien. Sie sind mit Worten nicht erklärbar, leben durch die Interpretationen und geben dabei eine Botschaft frei, die universell ist.

Ähnliches erleben Musiker während gelungener Opern- und Konzertaufführungen. Es ist ein Aufgehen in der Musik und kein sich in ihr Verlieren. Die Präsenz ist im Regelfall enorm und gleichzeitig nicht mit Worten erklärbar. Das nimmt auch dann das Publikum wahr. Beobachte beispielsweise die Violinistin Ann-Sophie Mutter oder die Pianistin Martha Argerich, wenn sie spielen.

Schauspieler machen ähnliche Erfahrungen, wenn sie völlig in ihrer Rolle aufgehen und eins mit dieser Rolle werden. Sie sind die Rolle – und das geht dann weit über das Bespielen einer Rolle hinaus. Größen wie Joachim Mayerhoff (der in aktuellen Faustaufführungen oft zu Mephisto wurde), Gert Voss (seine Shakespeare- und Schillerdarstellungen gelten als Maßstab für viele Kollegen), Klaus-Maria Brandauer (er glänzt sowohl auf der Bühne als auch Film) oder Tobias Moretti (seine zeitgemäße Interpretation des Dr. Faust hat ebenso begeistert wie manche Darstellungen von gebrochenen Figuren und Persönlichkeiten) zeigen Dir das was ich meine. Du kannst genauso Paula Wessely oder auch Meryl Streep hernehmen – um zwei Extreme zu nennen. Diese und viele mehr sind dann die Dargestellten. Und Du findest sicherlich auch Deine bevorzugten Künstler.

In strategischen Planspielen erlebt man diese Ebene auch immer wieder, wenn ein Team am Werk ist, das völlig von der Partitur, dem Drehbuch überzeugt ist und die Rollen – Schauspielern gleich – einnimmt und mit einer inneren Zielgerichtetheit, einer Begeisterung und Beseelung ausfüllt, die einem dann als Spielleiter eine unglaubliche Freude bereitet. Dass dies auch eine Form von Ausnahme ist, erklärt sich selbst. Diese Ebene kann man nicht willentlich produzieren. Sie entsteht aus sich selbst.

»*Der Spirit verleiht die wahren Flügel, vorausgesetzt man hat die passenden Wurzeln.*

Polaritäten, oder: nicht gleich, sondern anders und nur als Ganzes zu sehen

Polaritäten sind eine weiteres Salz in der Lebenssuppe und damit auch beim Führen – für sich selbst und für Teams. Du hast die Tendenz, in Deinem Leben auszugleichen, da Ausgleich oft für Harmonie steht. Ein Hintergrund dafür ist, dass Innen und Außen, Oben und Unten Spiegelbilder sind. Es liegt eine Pendelbewegung vor, die die Gesamtordnung in Harmonie bringen möchte. Man zieht sich zur Ganzwerdung den Gegenpol an und lernt über Erfahrungen. Das eine kann ohne das andere nicht, denn es würden die Harmonie und die Stabilität fehlen. Ohne Gegensätze erkennt man nicht das, was man will, das ins Leben treten soll. Die scheinbar gegensätzlichen Kräfte sind Ausdruck des endlosen Seins, des Lebens. Daher findet man oft die besten Lösungen für ein Problem im extremen Gegensatz desselben. Dazu muss immer ein Kontext, ein Umfeld hergestellt werden, damit Du das Wünschenswerte überhaupt wahrnehmen kannst. Aus These und Antithese ergibt sich dann die Synthese.

Es geht darum, beides anzuerkennen und wertzuschätzen. Es geht um die gegenseitige Anerkennung des Andersseins. Beide Seiten sind gleichbedeutend und bedürfen der gleichen Achtung – scheinbare Triumphe und scheinbare Niederlagen. Dazu braucht es keines Kampfes, sondern es braucht die bloße Anerkennung dessen, was ist. Erst das Erkennen der Polarität und die Wertung, die sich in der Fähigkeit zu unterscheiden und zu wählen begründet, bilden die Grundlage für ein Weiterkommen. So sind Geist und Materie ebenfalls getrennt und streben letztlich, um erfolgreich zu sein, nach einer Symbiose. Es ist Ausdruck von Bewusstheit, Wertung, Wahlfreiheit und letztlich Eigenverantwortung. Daher ist es wichtig, ab und an ins Extrem zu gehen und beiden Polen die gleiche Aufmerksamkeit zu schenken. Dann kann das Pendel wieder um die goldene Mitte kreisen. Es sind die Bewegung und das Bestreben, immer wieder diese Mitte zu erreichen, die treibende Motive sind, selbst wenn dabei zeitweilig Stress entsteht. Wesentlich ist, sich der polaren Möglichkeiten bewusst zu sein und einen Weg zu finden, der nicht einem verwaschenen, substanzlosen Kompromiss entspricht, sondern der einem das dynamische Kreisen um die unterschiedlichen Ebenen – Individuum, Organisationseinheit, Gemeinwohl – ermöglicht.

Positive und negative Gefühle sind ebenso normal wie Komplementärbilder als Ausgleich im Persönlichkeitssystem. Sie erzeugen die Dynamik im Leben. Oft lässt sich gar nicht in Worten festmachen, warum einem das eine zusagt und man das andere ablehnt. Aus dieser Differenzierung ergibt sich dann die eigene Position.

Schuld und Sühne, Krankheitsbilder, Übernahme von alten Mustern als Ausgleich für was und wen auch immer sind Beispiele für das Polaritätsprinzip.

Alleine das Erstellen von verschiedenen Vorgehensmöglichkeiten und durchaus gegenläufigen Konzepten ist Teil des strategischen Tagesgeschäfts und auch des täglichen Lebensgeschäfts. Das Aufstellen von bewusst gegenläufigen, extremen Varianten im Agieren, das Erarbeiten von widersprüchlichen Ideen, das Umgehen mit so genannten *Trade Offs* (d. h. ein Ziel kann nur zu Ungunsten eines anderen umgesetzt werden), all das bedeutet Polarität.

Polarität meint auch, dass ein Konzept für das persönliche Weiterkommen positiv sein kann, für das Gemeinwohl und das Wohl einer Organisationseinheit, eines Unternehmens jedoch negativ ist. Die Wirtschaftskrise ab 2008 zeigt dies in beredter Form. Die einen profitieren materiell – die anderen erleiden enorme Verluste, die das Gemeinwohl mitbeeinflussen – und zwar nachhaltig und nicht mehr mit herkömmlichen Mitteln lösbar und Standardinstrumenten bespielbar.

Ähnliches findet man auch in der Therapierung von Erkrankungen, wo die Nebenwirkungen von Medikamenten den einen Pol darstellen und die Heilungseffekte den anderen Pol repräsentieren.

Vereinfacht ausgedrückt, sind auch Mann und Frau, Tag und Nacht, heiß und kalt, hell und dunkel, dick und dünn Ausprägungen der Polarität. Das eine braucht das andere, um sein zu können, um in die Wahrnehmung zu treten und als Ganzheit dazustehen.

» ***Polaritäten ergeben sich aufgrund einer Pendelbewegung, die die Gesamtordnung in Harmonie bringen möchte. Die Ganzwerdung verlangt den Gegenpol zur Erfahrungen. Dies ist ein wesentlicher Teil des Vereinten Wissens.***

Das Dramadreieck, oder: ein Dilemma und ein erster Schritt zur Lösung

Das Leben ist gelegentlich wie eines der Dramen von Shakespeare. Bis man sich selbst ist, ist man in vielen Rollen gefangen. Wenn man sich selbst ist, geht man bewusst in die eine und die andere Rolle. Keine der Rollen ist gut oder schlecht – es ist eine Frage von Bewusstheit, von Wertung, von Weisheit im Einnehmen und im Erfüllen der Rollen.

Aus der Polarität ergeben sich drei Rollen, mit denen man bewusst umzugehen hat. Es ist gleich, bei welcher Rolle man beginnt, weil man sich in einem geschlossenen Dreieck befindet, solange man zwischen den Rollen hin- und herpendelt.

Da ist die Rolle des *Opfers* – alle haben Schuld für das, was einem geschieht; alle tragen Verantwortung, nur ich nicht. Die Opferrolle ist scheinbar bequem, weil man passiv sein kann und sich bemitleiden lassen kann. Man bekommt Aufmerksamkeit durch Mitleid – ein oft gelebtes Verhalten. Irgendwann reicht es und man geht weiter.

Dann begibt man sich in die Rolle des *Täters,* d. h. man schlägt herum, wird laut und aggressiv. Da gehört dann schon etwas mehr Energie dazu. Alles ist in Aufruhr. Man holt zum Rundumschlag aus, beschuldigt, verletzt, beleidigt und zerstört – so zumindest, wenn man sich in einer Negativspirale befindet. Jedenfalls hört man auf, passiv, sich selbst bedauernd, herumzusitzen und tut etwas. Ist möglichst viel zerstört und man blickt auf, so ist man oft über den Grad der Zerstörung entsetzt.

Was nun tun? Nun, es bietet sich die Rolle des *Retters* an – es war ja nicht so gemeint, wie es wahrgenommen wurde. Daher wird die Lage wieder eingefangen. Sich als Retter zu profilieren, gibt wieder Kraft für das nächste Opferdrama, zumindest dann, wenn man in dem Dreieck bleiben möchte.

Beispiele gefällig?

Der Markt wird beschuldigt, wenn die Umsätze nicht so laufen wie gewünscht; die Politik bekommt einiges ab, weil sie nicht die Rahmenbedingungen schafft, die man braucht, um agieren zu können und erfolgreich zu sein; die Wirtschaftskrise, die bremst und wenig ermöglicht; die Mitarbeiter sind nicht innovativ genug und können mit den Gegebenheiten nicht umgehen – dabei vergisst man gerne in der Emotion, dass es immer einen gibt, der die Verantwortung trägt, es ist mit Sicherheit nicht das Opfer alleine. Dieses lebt bemitleidet bequem, denn es muss ja nur passiv sein. In der aktuellen Wirtschaftskrise gab und gibt es jene Staaten, die von Ratingagenturen herunter gestuft werden und sich dadurch am internationalen Finanzmarkt nicht mehr so bedienen können wie sie müssten, um das Geschäft aufrechtzuerhalten und das System belebt zu halten.

Die angeführten Ratingagenturen sind dafür ein eindrückliches Beispiel wie auch die zahllosen Spekulanten und Banken auf den internationalen Finanzmärkten. Sie gelten als die ‚Bösen', die Täter. Dies impliziert einen aktiv-negativen Beigeschmack, was zwar im vorliegenden Beispiel durchaus zutreffen mag – es ist jedoch alles eine Frage der Rolle und damit der Perspektive, die man einnimmt.

In der laufenden Wirtschafts- und Finanzkrise kommt dem Staat bzw. der Europäischen Union die Retterrolle zu, selbst wenn man ein wenig Zeit benötigte, um in die Rolle zu schlüpfen. Auch mutige Investoren sind immer wieder Retter für angeschlagene Unternehmen. Und so lässt sich dieses Dreieck unendlich lang leben.

Das Dramadreieck findet sich auch der persönlichen Ebene, wo nicht unbedingt drei Personen beteiligt sein müssen. Es genügen zwei, die den Rollenwechsel bewusst und unbewusst beherrschen. Das Dramadreieck kann man bereits bei Kindern beobachten. Die beherrschen es bereits perfekt. Das Dramadreieck ist sehr oft die Basis für viel Leid und Schmerz. Es macht das Leben im Regelfall nicht lebenswerter – umso mehr jedoch der Ausstieg aus dem Dreieck, der ein Akt von Bewusstheit ist.

Das Dramadreieck ist wohl der größte Energiefresser, wenn man es unbewusst lebt.

Zyklen und Entwicklung, oder: alles hat seine Zeit

Du lebst zurzeit in einer Phase der erhöhten Taktierung. Du fühlst eine Beschleunigung und eine Verdichtung von Raum und Zeit. Energie und Schwingung sind dabei wesentliche Komponenten. Sie sind nichts Ungeformtes, sie pulsieren und schwingen in unterschiedlichen Geschwindigkeiten; sie strömen horizontal und vertikal in einem ewigen Fluss wie in einer *virtuellen Matrix.*

Für dieses Phänomen gibt es viele Gründe, sei es das Internet und die verbreitete Demokratisierung. Erleichtertes Reisen und erweitertes Wissen haben ebenfalls einen hohen Einfluss.

Dabei werden Zyklen und Rhythmen immer wieder durchlaufen. Es ist ein permanentes ‚Sich ausdehnen' und ‚Sich zusammenziehen' – ein Auf und Ab (im Übrigen auch eine Form der Polarität). Dies zeigen das Atmen ebenso wie der Lauf der Jahreszeiten und das Wechselspiel aus Erfolg und Misserfolg. Zyklen sind Verbindungsknoten entlang der Zeitachse. Sie erlauben, dass man bestimmte Ereignisse und Prozesse in Vergangenheit, Gegenwart und Zukunft miteinander in Beziehung setzt.

Kennt man Zyklen, so wird Planen deutlich einfacher, weil man den richtigen Zeitpunkt erfahren und erwarten kann. Wenn Du das begreifst, dann kannst Du leben und gestalten. Du kommst letztlich aus dem Nichts und gehst ins Nichts. Die Phase zwischen diesen beiden ‚Nichts-Punkten' ist das Leben. Im Lichte der Ewigkeit ist die Phase nicht mehr als ein Punkt. Sie ist jedoch für jeden einzelnen und für das große Ganze ein wesentlicher Punkt.

Gegen die Zyklen zu arbeiten, ist die Garantie für einen schlechten Start, für Verzögerungen, für scheinbare Rückschläge. Vor der Zeit da zu sein, bedeutet, auf Unverständnis und Nichtbeachtung zu stoßen – die Zeit für eine Idee ist noch nicht reif. Nach der Zeit dazu sein, bedeutet, die reifen Früchte nicht zu ernten, sondern sie am Baum verfaulen zu lassen – man ist zu spät und nur mehr einer unter Vielen.

Das Prinzip der Zyklen und Entwicklung besagt, dass Du nie stehen bleibst. Leben ist immer Bewegung. Auch Leadership ist immer Bewegung. Wenn Du das begreifst, dann erst kannst Du leben und gestalten. Somit ist das tägliche Abschiednehmen ein Schritt zur Relativierung des Sterbens ohne den Tod zu schmälern. Wandel ist Schöpfung und Komposition.

Die beiden natürlichsten Zyklen und Rhythmen sind die Lebensphasen, die man durchläuft – und die Jahreszeiten, die vielen von uns, die in Städten leben, ein wenig abhandengekommen sind. Lebensphasen ergeben sich oft in unscheinbaren Jahresabschnitten, die scheinbar keine äußere, sondern eine innere Logik in sich bergen.

Ein anderer Zyklus sind die sieben fetten und die sieben mageren Jahre. Dieser Siebener-Rhythmus findet auch in der

Erneuerung Deines Körpers statt. Nach jedem Aufbau kommen eine Stabilisierungs- und eine Abbauphase. Dies ist eine Form von innerer Erneuerung. Permanente Ausdehnung führte zur Überdehnung bis hin zum Platzen oder zum Zusammenfall einer Ordnung. Ruhephasen sind wesentlich, um die Grundstabilität zu halten.

Den Neuner-Rhythmus zeigt sich in der menschlichen Schwangerschaft. Neun gilt nach Pytagoras, dem großen griechischen Mathematiker und Mystiker, als Zahl der Vollendung. Sie ist auch das Ende des einstelligen Zahlenraumes.

Auch der Tages-, Wochen-, Monats- und Jahresrhythmus ist eine Form eines in sich verschlungenen Zykluses.

Konjunkturzyklen in den unterschiedlichsten Dauern zeigen auch das rhythmische Prinzip von Samenlegung, Keimung, Geburt, Wachstum, Reife und Tod.

Der Herzschlag und der Rhythmus der Gehirnwellen sind in uns verborgene Rhythmen, mit denen Du Dich oft dann auseinandersetzt, wenn ‚etwas' unrund beginnt zu laufen.

Jedes Produkt und jeden Leistung haben einen innewohnenden Zyklus. Daher gibt es immer wieder Neues, das modern ist. Man denke an die Entwicklung des simplen Mobiltelefons hin zu einem Multifunktionsgeräts. Ähnlich sieht die Entwicklung des PCs aus, der auch nur mehr als mehrfach verwendbares Gerät Aufmerksamkeit erzielt. Die Kombination aus Mobiltelefon und PC in möglichst kleiner, handhabbarer Form gilt als eine der aktuellen Entwicklungen – ein Tablet zum Telefonieren, Fotografieren, Spielen, … und ich weiß nicht was noch alles – ein neues Etwas ist geboren – aus dem Rhythmus von Ideen, geschaffen aus einem gefühlten und tatsächlichen Bedarf und vielem mehr.

Auch im *long count,* der sehr langen historischen Betrachtung, gibt es nachvollziehbare Zyklen wie z. B. den Renaissancezyklus, der sich über 500 Jahre erstreckt. Dieser Zyklus der Ausweitung umfasst sowohl den Kunstbereich (z. B. durch die räumliche Darstellung in Form perspektivischer Linien; sie veränderten die Wahrnehmung der Welt und führten zu den bewegten Bildern, d. h. zum Film und zum Fernsehen) als auch den Finanzbereich umfasst (z. B. durch Aufkommen des Bank- und Geldwesens, das besonders durch die Aufhebung des Zinsverbotes für verliehenes Geld einen rasanten Aufschwung nahm).

Krisenzyklen sind auch ein sehr interessantes Phänomen. Hier brechen Sollbruchstellen, aus denen oft eine bemerkenswerte Schubkraft für Veränderung resultiert. Wenn die Krise mit einer hohen Dynamik, Komplexität, Beschleunigung und Verdichtung von Ereignissen und Prozessen zusammenfällt, dann führt dies oft zu Zusammenbrüchen, die in vielen Fällen der einzige Weg zu einem Neubeginn sind.

» ***Zyklen und Rhythmen sind Ausdruck des Werdens und Vergehens. Sie markieren gleichzeitig Ende und Neubeginn als natürliche Entwicklungsphänomene.***

Komponieren statt Opponieren, oder: was hat Spiritualität mit Musik zu tun

Das ist wohl die erste Frage, die Du Dir stellst, wenn es ums Komponieren geht. Ich meine Komponieren im übertragenen Sinn, im Sinne von Schöpfen und Erschaffen, von aktiv an etwas herangehen.

Nichts ist stärker als Widerstand. Es gibt keinen stärkeren Magnetismus als Widerstand. Die Wiederkehr des Verdrängten ist eines der raschesten Kompositionsprinzipien. Warum also nicht diesen Magnetismus für sich und seine Ideen positiv nutzen? Daher ist Komponieren sinnvoller und zielführender als Opponieren. Das Prinzip der Wiederkehr des Verdrängten hilft, auf Deinen Schatten hinzuschauen, denn Du kannst ihn zwar zeitweise verdrängen, letztlich fängt er Dich im unpassendsten Moment wieder ein. Je stärker man Widerstand gegen etwas leistet, umso eher und umso öfter wird man diesem Ding, dieser Eigenschaft, dieser Situation im Außen begegnen. Es wird immer wieder aktualisiert, bis man sich stellt und die Sache angeht. Verdrängen bedeutet nämlich nicht, dass der Sachverhalt von der geistigen Festplatte gelöscht wird, sondern man gibt vielmehr Energie und Bedeutung in die Sache. Voraussetzung ist eine wache, offene Bewusstheit.

Dieses Prinzip hängt mit dem Ausgleichsprinzip zusammen und ist die Aufforderung, den eigenen Schatten anzuschauen, ihn bewusst anzugehen, zu analysieren, die Grundmuster zu erkennen, sie anzunehmen und dann loszulassen.

Der Wunsch nach Veränderung ist somit nicht Widerstand, sondern Wandel und damit die Fortsetzung der persönlichen Schöpfung. Alles hat die Bedeutung, die Du der Situation, dem Menschen gibst. Wenn man etwas anschaut, verschwindet es und kann die illusorische Form nicht aufrechterhalten – d. h. man komponiert es in einen neuen Kontext.

Man erschafft also nicht grundsätzlich neu, sondern zieht etwas bereits Existierendes in seine Richtung. Man holt sich etwas bereits Geschaffenes, Vorhandenes in seinen persönlichen Erfahrungsraum. Anziehung ist daher ein Energieabgleich.

Machtkämpfe innerhalb der Familie oder im Job mit Menschen, die man so gar nicht leiden mag – aus welchen Gründen auch immer, zeigen das Oppositions-Kompositions-Prinzip sehr schön. Je mehr man jemanden nicht mag, umso lästiger erscheint einem die Person, obgleich die gar nichts Anderes tut oder ist als beim letzten Mal.

Ähnliches gilt für das Hereinholen von Krankheiten, sei es eine Erkältung, die man jetzt so überhaupt nicht brauchen kann, oder Kopfschmerzen, die einen bei der Konzentration stören. Je mehr man sich wehrt, umso eher kommt die Erkältung – und die lästigen Kopfschmerzen sind auch schon da.

Das Anziehen gleicher oder ähnlicher Menschentypen, die man unbewusst ablehnt, ist ebenfalls Ausdruck des Oppositions-Kompositions-Prinzips. Dies geschieht so lange, bis man das dahinter liegende Muster erkennt und wandelt.

Je mehr man etwas versucht zu meiden, umso eher kommt es wieder und wieder. Man entwickelt einen regelrechten Magnetismus nach dem Motto ‚nicht schon wieder'. Vieles gleicht dem Film ‚... *und täglich grüßt das Murmeltier'*. Man ist in einer Endloswiederholungsschleife gefangen. Diese Schleife geht solange – ähnlich dem Dramadreieck – bis man sich des Musters der Opposition bewusst wird und aussteigt, eben komponiert und etwas Neues erschafft.

»

Der Ausstieg aus dem Murmeltierdasein gelingt ausschließlich über das Komponieren, d. h. das bewusste Gestalten einer Situation – selbstverständlich ohne Gelinggarantie.

Der Dialog zwischen Beobachter und Beobachtetem, oder: nichts ist real – jedenfalls nicht so wie es vielleicht scheint

Das klingt verwirrend, denn für Dich ist real, was Du wahrnimmst bzw. wahrzunehmen vermeinst. Alles ist eins, verbunden, ob Du willst oder nicht, ob Du Dir dessen bewusst bist oder nicht. Du bist somit der Held, der sich seinen Mythos selbst schafft, der sich seine Schlachtfelder selbst aussucht – oft unbewusst – manches Mal bewusst. Dies lässt sich mit der oft geschmähten Quantentheorie und Quantenmechanik erklären. Der Beobachter als Gestalter beeinflusst die beobachtete Situation und den Beobachteten und umgekehrt. Man nennt das Verschränkung. Dies ist ein Phänomen der Quantenphysik: Zwei Teilchen können dadurch über beliebige Distanzen wie durch Zauberhand verbunden bleiben. Liegt diese Verschränkung vor, so haben diese beiden Teilchen perfekt definierte gemeinsame Eigenschaften, verlieren dabei allerdings ihre Einzeleigenschaften, d. h. gehen ineinander auf. Im übertragenen Sinn gilt das auch für Leadership.

Du kannst Dich in Deinem Verhalten und Deinen Entscheidungen nicht aus Deinem Umfeld ausklinken und sollst dies auch gar nicht. Dieser Umstand verlangt nach dem Bewusstsein, dass man alleine durch sein eigenes Sein das gesamte Sein beeinflusst und gestaltet. Der Dialog aus Beobachter und Beobachtetem trägt somit ein hohes Kreativitätspotenzial in sich, zwingt er doch immer wieder, sich Gedanken über Neues zu machen, weil das Alte nicht mehr funktioniert.

Zudem ist zu erkennen, dass man nicht die vollkommene Information über die Lage und die Beteiligten hat. Somit bleibt man immer in einer Unsicherheitslücke, die sich auch als kreatives Potential zur Gestaltung aus der Bewegung nutzen lässt – es ist ein anderer Ausdruck des ‚für den berühmten Abend lassen' – wie Herbert von Karajan immer wieder bei Proben sagte.

Auch hier gilt es, bewusst zu sein und keine Angst davor zu haben, nicht voll im Informationsbild zu sein. Dieser vermeintliche Wunschtraum wird ein solcher bleiben. Vielmehr geht es darum, die jetzt für die zu bearbeitende Situation relevanten Informationen zu erkennen und regelmäßig zu adaptieren.

Zudem ist nichts real, jedenfalls nicht so real, wie Du Dir dies gemeinhin vorstellen. Es gibt viele so genannte Welten und Paralleluniversen. Wäre die Realität nicht derart schräg, so würde sie gar nicht existieren können – und Du mit ihr und in ihr.

Nimmt man z. B. die Entwicklung der Börsenkurse seit 2008 Jahre her, so zeigt sich die Verbindung deutlich, deutlicher als vielleicht in den Jahren zuvor, weil die allgemeine Aufmerksamkeit höher wurde. Jeder Gipfelbeschluss der EU in Brüssel wirkt sich auf das Verhalten der Börsianer aus. Frankfurt, London, New York und Tokio pulsierten und reagieren auf jede Stimmungsschwankung. Jede Aussage eines Staatschefs und einer Staatschefin hat Einfluss auf Kursentwicklungen. Jede Silbe, jede Geste wird gierig erwartet und bewertet. Jedes Statement eines vielleicht etwas unvorsichtigen Wirtschaftsministers schlägt sich rasch in Reaktionen der Börsen nieder.

Umgekehrt treiben die Entwicklungen der Kapitalmärkte die politischen Entscheidungsträger in ihren Entscheidungen in bestimmte Richtungen, die man sich vor einigen Jahren nicht vorstellen konnte.

Ein anderes Beispiel findet man im Militär. Man geht mit einer bestimmten Strategie, die man aufgrund einer eingehenden Beurteilung der Lage und einer Abwägung der eigenen und gegnerischen Ziele, Mittel und Wege erstellt hat, in eine militärische Operation. Die findet nicht im aseptischen Raum-Zeit-Kraft-Informations-Gefüge statt, sondern wird von der gegnerischen Partei ebenso beeinflusst wie von den eigenen Mitstreitern. Gegebenenfalls ist nach einem Ziele-Mittel-Wege-Abgleich die eigene Strategie nachzujustieren. Es gilt der Grundsatz, dass die Strategie ihr Umfeld beeinflusst und das Umfeld die Strategie beeinflusst – ja – dass beide in einer bestimmten Art und Weise ineinander übergehen.

Ähnliches gilt für Unternehmensstrategien. Strategische Anpassungen sind daher vollkommen normal. Was also in den letzten Jahren z. B. in Afghanistan oder im Irak seitens der Allianz vorgenommen wurde und noch immer wieder, ist strategische und operative Realität – manches Mal erzwungen – manches Mal gesteuert – auch das ist eine Form der Wirklichkeit.

Ein weiteres Beispiel ist das atomare Wettrüsten zwischen den Supermächten in der Phase des Kalten Krieges. Dieser Aufschaukelungsprozess ergab sich, als das eigene Verhalten vom Verhalten des Gegners und vice versa beeinflusst wurde – so lange, bis man nicht mehr konnte und wollte und mit Abrüstungsverhandlungen begann.

Im Schachspiel findet man weitere Beispiele für das Beobachter-Beobachteten-Paradoxon. Spieler richten sich nach dem anderen und versuchen gleichzeitig ihr eigenes Spiel dem anderen aufzuzwingen – und gleichzeitig mehrere Züge nach vorne zu denken.

Auch das sogenannte *mirror imaging,* also das spiegelbildliche Verhalten in der politischen Entscheidungsfindung, darf für dieses Paradoxon herhalten. Wann immer man es mit einem Gegenüber und einem Umfeld zu tun hat, sei es im Politischen, im Militärischen oder im Sport etc., so muss man dies im eigenen Verhalten mit ins Kalkül ziehen.

» ***Beobachter und Beobachtetes bilden eine untrennbare Einheit und beeinflussen sich wie Spiegelbilder.***

Disziplin und Hingabe, oder: üben mit brennendem Herzen

Üben ist ein wesentlicher Aspekt, denn vieles lernt man nur über Erfahrung und damit durch Übung. Üben verlangt sowohl Disziplin als auch Hingabe, verlangt nach einem bedingungslosen Bei-der-Sache-sein, einem gänzlich Sich-anheim-geben.

Disziplin und Hingabe meinen das beharrliche Dranbleiben an einer Sache, einer Idee, das sich immer wieder Leermachen, damit etwas in einem gefüllt werden kann. Es geht dabei nicht um etwas Krampfhaftes, um etwas Notwendiges, sondern um das fokussierte und gleichzeitig mutig-lockere Dranbleiben an einer schönen Möglichkeit.

Disziplin ist die Tür zur Freiheit. Gleichzeitig ist auch klar: Es gibt keine Freiheit ohne Form und Struktur – dann erst wird Spontaneität überhaupt möglich.

Um Spitzensportler zu werden und die Leistung über einen längeren Zeitraum halten zu können, braucht es oft jahrelange Übung, viel Disziplin und ein brennendes Herz, eine ungeteilte Aufmerksamkeit für die Aufgabe, eben die Hingabe. Das umfasst viel Training – oft nicht auf der Hand liegende Übungen, die Anpassung des Lebensrhythmus – manches Mal als temporäre Einschränkung verstanden.

Gleiches gilt für Weltklassemusiker, sei es ein Orchestermusiker, ein Solist, ein Dirigent oder ein Komponist. Es ist verbunden mit Ausdauer, mit Dranbleiben, mit aus scheinbaren Niederlagen und Verrissen wieder aufstehen, aus sogenannten Misserfolgen Erfahrungen zu ziehen und weiterzumachen.

Auch Wissenschafter kennen das Prinzip sehr gut. Es meint, sich vom vordergründigen Scheitern nicht ablenken zu lassen, sondern nach dem fünften Mal hinfallen das sechste Mal aufzustehen – oft genau dieses eine Mal mehr als der Rest, der schon aufgibt. Es meint sich vom Lärm von außen, von Zweiflern, Neidern und Missgünstigen abzuschotten, ohne die Reflexionsfläche ganz zu verlieren. Es bedeutet, zu einer Idee zu stehen und sich zu bekennen – ohne Gelinggarantie – mit Akribie und vollkommener Hingabe.

Im Wirtschaftsbereich meint es, eine Geschäftsidee mit der gebotenen Intensität zu verfolgen, auch geduldig zu sein, die Zyklen und Rhythmen zu erkennen und die Gelegenheit beim Schopf zu packen und zu nutzen – ohne den Blick fürs Ganze zu verlieren.

Manches Mal ist es mit vermeintlich stupiden repetitiven Übungen verbunden – und die geben einem die Grundstabilität und das Korsett, das Flexibilität ermöglicht.

Beim Musiker sind es die Kenntnisse zu den Tonarten, den Tonleitern, den Taktarten, Rhythmen, Musikarten. Beim Offizier sind es die Einsatzgrundsätze und die Operationsabläufe. Beim Mediziner sind es beispielsweise die anatomischen Grundsätze und das pharmakologische Basiswissen. Und beim Unternehmer sind es die Unternehmensgrundsätze, die eigenen Möglichkeiten, Ziele, Mittel und Ressourcen und jene der Konkurrenz. Beim Wissenschafter sind es die Theorien und Methoden und das Wissen, welches die fachlichen Grundlagen und Kernideen sind. Beim Spitzensportler sind es Bewegungsabläufe, die wieder und wieder trainiert werden – bis sie in Fleisch und Blut übergehen und den Weg ins Spielerische und letztlich ins Geniale eröffnen. Gleiches gilt im Übrigen auch im spirituellen Bereich. Meditation und andere Übungen haben einen Disziplinierungscharakter im Sinne der Erschaffung eines inneren Korsetts, das danach die Freiheit der Form und des Inhalts ermöglicht.

Es ist jedes Mal ein individuelles Einmaleins – und doch ist es nur mit Disziplin, Hingabe und Übung erlernbar.

> ***Disziplin und Hingabe sind wesentliche Schlüssel zum Erfolg, denn nur aus dem Jetzt lässt sich das Morgen und das Übermorgen formen.***

Das *Große Kraftgewebe* im Überblick

Um Dir eine abschließende Orientierung vor der nächsten Ebene zu geben, findest Du nochmals eine Zusammenfassung der Elemente des *Großen Kraftgewebes.* Es umfasst

- » die Basisprinzipien,
- » die 4 Ebenen der Wahrnehmung,
- » die Polaritäten,
- » das Dramadreieck,
- » Zyklen und Entwicklungen,
- » Kompositionsmethoden,
- » den Dialog zwischen Beobachter und Beobachtetem und
- » Disziplin und Hingabe.

Und es geht noch ein Stück weiter … ein zusätzlicher Blickwinkel und manch Neues

Hier betrete ich mit Dir die individuelle Ebene. Manches wird Dir vertraut vorkommen. Manches wird Dir neu sein. Ich baue auf den Basisprinzipien und meinen Ausführungen dazu auf und ergänze das eine oder andere, das vor allem für die individuelle Ebene und damit für Dein eigenes Führen wesentlich ist. Auch hier gilt – es handelt sich nicht um apodiktische Vorgaben, sondern um Beobachtungen und Erfahrungen. Angewendet, erleichtern sie Dir, Dich selbst zu führen und danach andere zu führen. Diese Beobachtungen weisen wiederum eine innere Ordnung und Logik auf.

1. Die Welt ist, wofür Du sie hältst
2. Natürliche Grenzen und selbst gemachte Begrenzungen
3. Wir sind alle miteinander verbunden
4. Energie folgt der Aufmerksamkeit – Aufmerksamkeit folgt der Energie
5. Jetzt ist der Moment der Macht
6. Du selbst bist der Beginn
7. Alle Macht kommt von Innen
8. Wirksamkeit ist das Maß der Wahrheit

Lass uns einen Blick auf die einzelnen Aspekte machen und mir Dir Beispiele dazu geben.

Die Welt ist, wofür Du sie hältst, oder: willkommen in der Welt von Paralleluniversen

Das Resonanzprinzip (auch Prinzip von Ursache und Wirkung und Prinzip der Anziehung genannt) ist das älteste Prinzip. Es resultiert aus der Annahme, dass alles ausnahmslos Schwingung und damit Energie ist. Es meint, dass Innen und Außen, Oben und Unten, Säen und Ernten miteinander wie magnetische Teile in Beziehung stehen und eine Art *virtuelle Matrix* bilden – man sieht sie nicht mit herkömmlichen Instrumenten – und dennoch ist sie da. Die Wahrnehmung und das unmittelbare Erleben hängen auch von der Einstellung zur Aufgabe ab. Die Realität wird damit zu einem von vielen möglichen Träumen. Somit ist jede Ordnung willkürlich und lässt sich verändern – in der Einstellung und Wahrnehmung – und letztlich im Manifesten, d. h. in dem, wie sie sich präsentiert.

Die *virtuelle Matrix* schwingt mit unterschiedlicher Frequenz; ein Spinnennetz im Sonnenlicht ist ein gutes Beispiel, um sich unter der *virtuellen Matrix* etwas Konkretes vorstellen zu können. Es ist fein gesponnen, praktisch nicht als solches sichtbar und doch fühlbar. Manches Mal liegen lange Zeiträume zwischen Frage und Antwort dieses Resonanzgefüges – auf jede Frage kommt eine Antwort – gleich, wie lange die Resonanzwelle benötigt, bis sie wieder bei Dir ist.

Realität bedeutet somit einen Erfahrungsraum zu erschaffen; Schöpfung ist daher Resonanz. Fühlen verdichtet Energien zu resonanten Wellenmustern und erschafft daher die Feinabstimmung in diesem feingewobenen Netz an Energie und Schwingung.

Daher ist die Achtsamkeit ein wesentlicher Faktor, weil Du immer und ausnahmslos die Verantwortung für die Ernte trägst. Davor kann man versuchen, sich für einige Zeit zu drücken – unterm Strich jedoch ist es jeweils die eigene Ernte. Es geht daher immer um Achtsamkeit und um Bewusstheit.

Wenn Menschen mit einer besonderen Ausstrahlung einen Raum betreten, werden oft Vibrationen fühlbar. Man verspürt z. B. Freude, Aufgeregtheit, grenzenlose Bewunderung oder auch ein Gefühl von Angst und Beklemmung. Manches Mal kann man nichts in Worte fassen – und doch sind die Schwingungen da. Vibrationen sind Ausdruck der *virtuellen Matrix.*

Ähnliches verspürt man in Erstbegegnungen bzw. in Begegnungen mit Menschen generell. Es ist das einander am Blick erkennen – eben mit einem Blick in die Augen des anderen. Man versteht einander ohne Worte in der schlichten Begegnung oder aber man versteht einander trotz vieler Worte gar nicht –weil man ein bestimmtes inneres Bild vom anderen hat und es kommt im Außen nicht zur erforderlichen Deckung, um in einer Gemeinsamkeit zu enden. Dann liegt das bekannte ‚wir stimmen darin überein, dass wir nicht übereinstimmen‘ *(we agree to disagree)* vor.

Auch Orte können eine derartige Reaktion bei einem hervorrufen. Selbst wenn man an einem Ort dreißig Jahre lebt, bedeutet dies nicht automatisch, dass man sich innerlich zu

Hause fühlt. Es gibt jedoch auch Orte, wo man bei der Erstbegegnung ein Gefühl von Aufgehobenheit, von Geborgenheit und von zu Hause sein verspürt, oder aber man hat negative Erinnerungen an den Ort und tut sich schwer, diese zu vergessen. Rational gibt es dafür oft keine Erklärung.

Bei Gesprächen kann man ähnliches im Vorfeld beobachten. Ist man nervös und angespannt und gibt dem Ereignis eine ‚lebensnotwendige Bedeutung', dann nimmt man das Ereignis auch als solches wahr. Jede Frage des Gegenübers wird zur Existenzhinterfragung. Du bist im Dauerkampfmodus – meistens völlig unnötig – nur: wenn Du meinst, dass es um Sein oder Nichtsein geht – dann wird es auch so sein.

» ***Wenn die Welt das ist, wofür Du sie hältst, kannst Du sie jederzeit nach Deinen Vorstellungen verändern und gestalten – und sei es durch eine Änderung der inneren Einstellung zu einer Situation.***

Natürliche Grenzen und selbst gemachte Begrenzungen, oder: im Gespräch mit dem Trickster

Grenzen und Begrenzungen sind wohl eine der größten Trickster, die Du in und um Dich hast.

Bewusst gezogene, natürliche Grenzen sind wesentlich für die Identifikation eines selbst. Wenn man nicht weiß, wer man selbst ist, dann kann man sich nicht unterscheiden. Unterscheidung ist wichtig, um überhaupt existieren zu können. Meist handelt es sich um intuitiv gezogene Grenzen, die das Ich und das Andere differenzieren. So wird eine ungewollte Verschmelzung verhindert. Damit gelingt es, bewusst sein Ich zu definieren. Und das ist überlebenswichtig und hat nichts mit Narzissmus und Hyper-Egoismus zu tun.

Um das Ich im Kollektiv klar zu machen, sind persönliche Grenzen erforderlich – aus Eigenschutz und auch zum Schutz der anderen. Grenzüberschreiter sind für sich und für andere eine große Herausforderung. Es geht dabei um das Finden des eigenen Platzes in der Familie, in der erweiterten sozialen Gruppe wie in Freundschaftsnetzwerken, im Beruf und in der Gesellschaft. Dies ist der absichtsvolle Teil.

Der weniger bewusste und daher weniger absichtsvolle Teil wird durch die Begrenzungen repräsentiert. Begrenzungen in Form von alten Mustern, bewusst und unbewusst übernommenen Glaubenssätzen, dem Nachleben von Vorbildern und Familienmustern, Muster aus dem Freundeskreis bzw. der sozialen Gruppe, der man angehört, oder aus dem Beruf sind wohl eine der großen Herausforderungen. Man sagt, man denkt, man macht – das Unpersönliche versteckt das Muster und damit die Begrenzung.

Begrenzungen werden freiwillig oder unfreiwillig übernommen, weil man sich damit eine Zugehörigkeit zu einem größeren Ganzen verspricht. Konventionen sind ein Eintrittsticket, um einer größeren Gruppe zu gefallen, um zu entsprechen, um anerkannt und letztlich geliebt zu werden – und damit das Urbedürfnis in uns zu stillen. Das zeigt sich sowohl in der Sprache als auch z. B. in der Kleidung. Die Uniform wird zum Eintrittsbillet, um mitmachen zu dürfen und dabei zu sein. Damit wird ein weiteres Urbedürfnis – das Angehören einer sozialen Gruppe – gestillt.

Wenn man mit fremden Mustern und Glaubenssätzen beladen ist, wird das Ich zugedeckt. Es kann nur ganz schwach zum Vorschein kommen und ist von Hindernissen umgeben. Dann liegen keine bewusst gezogenen Grenzen vor, die das Sein ermöglichen, sondern unbewusste und auch bewusste Begrenzungen. Sie schränken die Weiterentwicklung und Ausdehnung ein. Oft übernimmt man so manchen Ballast aus der Herkunftsfamilie – von Eltern oder Großeltern – und noch öfter weiß man es gar nicht, sondern lebt so dahin – von einer Unzufriedenheit in die nächste.

Nun sind Begrenzungen grundsätzlich weder positiv noch negativ. Sie werden durch Deine Wertung dazu bzw. durch ihr Nichterkennen. Dann werden Begrenzungen zum Hindernis, zum *Showstopper* und sie halten letztlich vom Leben fern.

Manches Mal ist das Erkennen und Umpolen einfach. Manches Mal wirst Du dabei bis ans Letzte gefordert und es ist eine Riesenleistung zu erbringen, um sich aus dem Begrenzungsgeflecht zu befreien – vor allem wenn das Außen einem versucht einzureden, wie ‚gut, bequem und sicher' diese Begrenzungen sind. Das Erkennen und Benennen dieser Hindernisse ist ein wesentlicher Schritt zu sich selbst. Dabei geht es nicht um spektakuläre Schritte und Maßnahmen. Es reicht der Blick hin – mit Mut und Veränderungsabsicht, um zur eigenen Wahrhaftigkeit zu gelangen.

Die Umsetzung im Sinne des Loslassens von Begrenzungen kann schon mit einigem Aufwand verbunden sein – vor allem wenn man damit aus der bequemen Komfortzone aussteigt. Und dann wird das scheinbar Unmögliche möglich – weil Du es für möglich hältst.

Bewusst gezogene, natürliche Grenzen sind wesentlich für die Identifikation eines selbst. Der weniger bewusste und daher weniger absichtsvolle Teil wird durch die Begrenzungen repräsentiert.

Wir sind alle miteinander verbunden, oder: Verwirrung komplett

Dies ist wohl eine der grundlegendsten und aufregendsten Annahmen – die universelle Verbindung zwischen allem und allen, weil die Betrachtungsebene die Energieebene ist – Du erinnerst Dich – es ist die vierte Ebene in der Matroschka-Puppe.

Dies bedeutet nicht Beliebigkeit, Erwartungserfüllung und Anpassung, sondern umfassende Verbundenheit und gegenseitige

Beeinflussung und gilt auf Gegenseitigkeit auf der bewussten und unbewussten Ebene Deines Seins – ob Du dies bewusst willst oder nicht.

Was man über sich selbst denkt, wirkt auf den anderen und umgekehrt. Es ist wie ein unsichtbares Netz, das verbindet – eine *virtuelle Matrix.* Es sind Schwingungen, Gefühle, Energien.

Jeder kennt dies und hat es immer wieder erfahren. Vor allem in Gruppen sind diese Beobachtungen deutlich sichtbar und vor allem fühlbar. Oft ist man nicht in der Lage zu sagen, warum und wer nun welchen Teil in dem Verbindungsnetz beiträgt. Unausgesprochen und ausgesprochen ist die Verbindung vorhanden.

Ängste, Zweifel, Minderwertigkeit sind die stumme Sprache und beeinflussen andere. Gleiches gilt für Zuwendung, Aufmerksamkeit, Zuneigung und Motivation. Gleichzeitig ermöglicht dies bei hoher Achtsamkeit unglaubliche Potenziale. Dies äußert sich in scheinbar magischen Begegnungen – sei es mit Menschen oder Orten; oder im Zu-fallen von Dingen – weil diese jetzt fällig sind. Man erkennt einander am Blick und weiß innerlich und scheinbar unerklärbar, dass ‚es' jetzt passt – was immer das ‚es' nun sein mag – es ist sowieso mit Worten nicht erfassbar.

Manches Mal ist einem die Verbindung mit all ihren Konsequenzen gar nicht bewusst. Wenn man hier etwas tut, hat das Folgen an einem Ort, dessen Du Dir gar nicht bewusst bist – und ein Blick auf die Folgen lässt einen schaudern. Dies zeigt sich z. B. bei dem allseits geschätzten Handy und dem Laptop. Keines der modernen Geräte funktioniert ohne Coltan, das im Kongo unter höchst fragwürdigen, jedoch sehr kostengünstigen Umständen abgebaut wird. Die Folgen – Kinderarbeit, Ausbeutung, Naturzerstörung – bleiben oft ausgeklammert. Sie lassen sich ob des Kostenfaktors auch nur schwer in Griff bekommen. Ein wenig mehr Bewusstsein würde schon helfen.

Die sogenannten ‚unbeabsichtigten Konsequenzen' und ‚Kollateralschäden' sind weitere Beispiele für die gesamthafte

Verbundenheit. Der mitschwingende Zynismus zeigt auch, wie wenig hier bewusst gearbeitet wird.

Die umfassende Verbindung ist wohl eine der großen Herausforderungen im geistigen Erfassen – und dennoch ist das Phänomen vorhanden.

Energie folgt der Aufmerksamkeit: oder Aufmerksamkeit folgt der Energie

Energie ist der Grundbaustein Deines Seins. Man bekommt immer und ausschließlich das, was man erwartet und worauf man sich konzentriert. Ist man vergangenheits- und fehlerfokussiert, so werden Erfahrungen aus der Vergangenheit wie Gespenster immer wieder auftauchen. Erwartet man den Fehler, dann geschieht er in Form einer sich selbst erfüllenden Prophezeiung. Gleiches gilt für eine erfolgreiche Erfahrung.

Die Aufmerksamkeit beeinflusst Gedanken, Ausdruck, Sprache, Stimmlage, Blick, Wortwahl, Idiom, Körpertemperatur, Gestik und Mimik. Dies sind subtile, verbale, sehr oft jedoch auch nonverbale Signale, die ausgesendet und auch wahrgenommen werden. Unsicherheit bei sich und bei anderen kann man spüren und riechen.

Da ein Großteil der menschlichen Kommunikation über Gedanken und Worte erfolgt, sind beide Ausdrucksformen wesentlich. Gedanken sind Wirklichkeit schaffende Energien. Umso wichtiger sind dabei regelmäßige Gedankenhygiene und Gedankendisziplin.

Du ziehst Dir je nach Deiner Lebensgeschichte jene Umstände ins Leben, die in Deine Geschichte in der jetzigen Phase hineinpassen. Erst wenn Du die Muster dahinter erkennst, kannst Du Veränderungen vornehmen. Dann kannst Du aus biographischen Situationen aussteigen und vom Wiederholungszwang Abstand nehmen.

Die Anziehung hört letztlich erst dann auf, wenn man sich zum friedvollen Loslassen durchringen kann, und das ist oft viel schwerer als man vermutet – nur: nichts ist unmöglich dem der glaubt.

Man zieht sich qua Gedanken und Worten Situationen und Menschen an, wie z. B. den Partner oder den Chef – auch wenn man den anderen letztlich nicht mag (dann erscheint das andere, ungeliebte Gegenüber besonders unangenehm und penetrant).

Man holt sich Krankheiten her, weil man nicht krank werden möchte – leider kennt das Unterbewusstsein keine Verneinung und liefert daher prompt, unbestechlich und unverzüglich.

Dann geschehen größere und kleinere Katastrophen in Unternehmen, die man vermeiden wollte, weil sonst der Laden steht, Kunden von der Fahne gehen und das Image leidet.

Auch wenn man es nicht wahrhaben will – die Energie folgt immer der Aufmerksamkeit.

Gleichzeitig ist das Unterbewusstsein der größte Helfer, wenn es um die Umsetzung und um die Verwirklichung von großen Träumen und Wünschen geht. Es steht immer bereit, zu liefern – man muss es nur gezielt aktivieren, ansprechen, klare Aufträge geben und empfangsbereit sein.

Spitzensportler sind ein ausgezeichnetes Beispiel. Stabhochspringer und Hochspringer gehen beispielsweise ihren Sprung über eine bestimmte, für sie magische Höhe immer wieder durch und sind davon überzeugt, die Überquerung zu schaffen. Sie fokussieren ihre Leistungsfähigkeit auf einen bestimmten Wettkampftag bei Olympischen Spielen, bei Europa- und Weltmeisterschaften. Wintersportler tun ähnliches. Unmittelbar vor dem Wettkampf sind sie im Tunnel, in ihrer eigenen Welt, in der der Sprung, die Abfahrt, der Slalom, der Langlauf vor dem inneren Auge in Gedanken ablaufen. Sie sind vollkommen fokussiert. Ihre Aufmerksamkeit ist auf den Tag und die Stunde X ausgerichtet. Meistens funktioniert es – und wenn nicht: dann war es nicht der richtige Zeitpunkt. Man hat vieles in der Hand, jedoch nicht alles.

Dies lässt sich selbstverständlich in das sogenannte ‚normale Leben' übersetzen – alles nur eine Frage von Bewusstheit.

»» ***Wenn Du es sagst, so wird es so sein. Was immer es ist – achtsam sein mit Wünschen – sie werden wahr.***

Jetzt ist der Moment der Macht, oder: gefangen im Zeitkorsett

So paradox es klingt – es gibt nur JETZT – nur diesen kurzen Moment der sogenannten Zeit zwischen zwei Atemzügen (d. s. drei Sekunden) kann man leben und verändern. Gefilterte Beurteilungen führen zur Abwendung des Lebens, weil man vergangenheitsorientiert ist. Man verwehrt dem Leben die Chance auf das Jetzt. Dies gilt auch für einen selbst. Du veränderst Dich und das ist anzuerkennen. Man lebt alte Erfahrungen und Muster, ohne dass sie tatsächlich und real sind; die Erlaubnis zu wachsen und sich auszudehnen, wird damit verweigert. Ähnliches gilt für die Zukunft. Hier wird nur das Potenzial und nicht die Istsituation gesehen. Man erlebt eine Vorstellung. Man springt somit hin und her zwischen Erfahrung und Erwartung und gibt dem, was jetzt ist, keine Chance. … Das ‚man' ist im Übrigen besonders gefährlich – die Unpersönlichkeit übernimmt die Verantwortung, die man selbst nicht tragen kann und vor allem nicht will.

Umso wichtiger ist, dass Du Dir des Hier und Jetzt bewusst bist und Dich diesem auch anheimgibst. So gibst Du den Vorgängen bewusst die Bedeutung, die Du jetzt möchtest – und die Energie kann der Aufmerksamkeit folgen. Somit wird alles relativ, ohne dabei belanglos und beliebig zu werden; je aufmerksamer Du bist, umso mächtiger wirst Du, weil Du aus der Erinnerung und der Projektion aussteigst und mit all Deinen Sinnen im Moment bist und verbleibst.

Das Hier und Jetzt ist untrennbar mit Disziplin und Hingabe verbunden. Das zeigt sich:

» Bei spielenden Kindern, die völlig vergessen, wer und was um sie ist; sie sind in ihrem eigenen kleinen oder auch sehr großen und vor allem bunten Universum.

» Bei Sportlern, die Spitzenleistungen im Moment erbringen, und alle ihre Energien auf das Jetzt fokussieren – sie sind im Tunnel ihres Seins – ausnahmslos im Hier und Jetzt. Das erkennt man vor allem in ihrem Blick und an der Körperhaltung; damit vollbringen sie oft scheinbar physisch und psychisch undenkbare Leistungen. Oft bezeichnet man das dann als Sternstunde.

» Bei Musikern, die in der Musik versenkt sind ohne in ihr zu versinken. Sie sind präsent und fokussiert – gleichzeitig geben sie sich dem Moment in all ihrer Breite und Tiefe hin. Auch hier zeigen die Augen und der gesamte Gesichtsausdruck sehr viel dieser Präsenz.

» Bei Autoren, die das Gefühl kennen, wenn ‚es' sie schreibt und die Finger über die Tastatur laufen. Da wird nicht viel im klassischen Sinn gedacht, sondern man ‚tut im Sein'. Man fühlt nichts – kein Rücken tut weh, keine Finger schmerzen, keine Augen tränen und kein Nacken ist verkrampft – alles fließt.

» Bei Erfindern, die herumtüfteln, bis sie ans Ziel gelangt sind und das, was sie wollen, läuft, wie sie es wollen. Sie bleiben dran, sind fokussiert auf ihr Ziel, vergessen ihre Umgebung und glauben, dass sie bereits angekommen sind.

» Bei Vortragenden, die frei in einer Vorlesung oder einem Vortrag sprechen und richtig geführt sind. Sie sind so fest verankert, dass ihnen geistige Flügel wachsen und sie die Zuhörer spielend mitnehmen. Fängst Du jedoch an, in die Vergangenheit und die Zukunft mit Deinen Gedanken zu springen, so fällst Du aus der Kurve, d. h. Du verlierst den berühmten roten Faden und verhaspelst Dich. Bleibst Du hingegen in dieser Welle des Hier und Jetzt, dann fließt der Vortrag wie von selbst. Es geht gar nicht anders.

» Beim Schreiben von Konzepten, deren Themen einem Freude machen und beflügeln, zeigt sich die Bedeutung von Hier und Jetzt ebenfalls. Da kommen Struktur und Inhalt nahezu von selbst. Dies bedingt wiederum ein festes intellektuelles Fundament. Ähnliches gilt für das Entwerfen von Bücherstrukturen, die oft schon im Kopf vorhanden sind. Das Schreiben ist ein ‚man wird geschrieben‘ und kommt dem Komponieren sehr nahe.

» ***Die Zeit zwischen zwei Atemzügen ist im Innersten das, was es zu gestalten gilt. Dann ergeben sich Form und Inhalt nahezu von selbst.***

Man selbst ist der Beginn, oder: warum es nur um Dich geht – jedenfalls am Anfang

Erkennst Du Dich selbst und weißt über Dich Bescheid, dann kannst Du Dich ermutigen, ermächtigen und loben. Das klingt für viele noch immer eigenartig, hat jedoch nichts mit überzogenem Egoismus zu tun. Andere meinen vielleicht, dass es heillos altmodisch ist, könnte man doch den Spruch über dem Orakel von Delphi νῶθι σεαυτόν *[Gnōthi seautón]* – erkenne Dich selbst – auch als Erklärungshilfe heranziehen.

Worum geht es: Es ist vielmehr die oft geforderte Eigenliebe, das Erkennen und Anerkennen der eigenen Fähigkeiten, der lichten Seiten und auch der dunklen Seiten. Es geht darum, sich in seiner Ganzheit und Vielfalt zu erkennen und auch anzunehmen. Das ist der Ausgangpunkt, bevor man mit Weiterentwicklungen beginnen kann.

Dies erfordert Reflexion und ist oft eine Riesenherausforderung – willst Du doch auch immer wieder entsprechen, gefallen, geliebt werden. Das Außen ist ein hervorragender Spiegel. Passt der eigene Selbstwert, so sind – schon Kraft der Resonanz – positive Reaktionen selbstverständlich. Eine Grundzufriedenheit und Grunddankbarkeit mit dem, was ist, sind hilfreiche Voraussetzungen. Hier haben Angst und Zweifel nur einen sehr kleinen Platz. Man schätzt das Gute in sich und im Anderen.

Überzogene Selbstkritik und Fehlervorhaltungen führen sehr oft dazu, dass man sich von sich selbst und von den anderen abwendet. Es geht um die echte Anerkennung des Guten bei sich und bei anderen und darum, dass dieses zum Vorschein kommen kann und darf.

Und dies hat nichts mit Narzissmus und überhöhtem Ego zu tun, sondern ist der gesunde Humus, um ein eigenständiges Wesen zu sein, das auch Eigenverantwortung für das Gelingen des eigenen Seins übernehmen kann und will.

Vor der eigenen Tür kehren und sein Ding zu machen, erleichtert vieles im Leben. Es ist der Fokus auf die eigene Berufung und die eigene Aufgabe, die anderen es ermöglicht, auch in die Eigenverantwortung zu gehen.

In einer Pattsituation wartet man, wer den ersten Schritt macht. Egospiele gehören oft zum guten Ton. Wer dann diesen berühmten ersten Schritt macht, wird oft als schwach eingestuft – eine Fehleinschätzung. Er ist der Mutige, der sich aus der Deckung wagt und nicht wartet, bis etwas kommt, sondern den Anfang macht. Damit behält man im Übrigen das Gesetz des Handelns und die Initiative in der Hand.

» ***Erkennt man sich selbst und weiß über sich Bescheid, dann kann man sich ermutigen, ermächtigen und loben. Hier liegt der einzige Beginn.***

Alle Macht kommt von innen, oder: ein geheimes Kraftwerk im *nowhere?*

Der Startpunkt für jede Erkenntnis und Veränderung ist das Innen, der eigene Körper, Verstand und Geist – das mag unspektakulär klingen, ist jedoch so. Es geht um die innere Haltung, die innere Einstellung. Erwartet man Erfolg, so ergibt sich Erfolg, schon aufgrund von Resonanz, die durch Erfahrung und Erwartung gestärkt werden können. Zudem sind alte Erfahrungen durch neues Wissen immer wieder neu zu kontextualisieren, d. h. mit einem neuen Inhalt zu versehen.

Jeder darf dabei seinen Weg in seinem Tempo gehen. Resonanz setzt Weisheit und Integrität voraus. Ohne eine klare und wahrhaftige Identität gibt es keine klaren Antworten und schon gar keine klaren Ergebnisse.

Es spricht nichts dagegen, sich Meinungen im Außen zu holen, nur, es sind Fremdmeinungen, die bestenfalls auf den Weg zur eigenen Lösung führen. In letzter Konsequenz können diese Meinungen aus dem Außen dazu beitragen, den Weg zum eigenen Innen zu finden. Sie können Wegbegleiter sein, die Anstöße sein geben, sind jedoch niemals der eigene Weg.

Den eigenen Weg muss man schon selbst finden und vor allem selbst gehen. Das ist auch mit Eigenverantwortung gemeint. Erfüllst Du den Raum mit Qualitäten wie Klarheit, Entschiedenheit und Wahrhaftigkeit, dann gelingt Dir das Umschalten vom Denken auf Wahrnehmung relativ leicht. Und dann zeigt sich Dir das Innen auch sehr bereitwillig. Wenn Du die von Innen kommende Macht missachtest, dann unterdrückst Du die leise Herzensstimme, das Bauchgefühl – und wirst zum *Gurushopper*. D. h. Du läufst von einem Berater zum nächsten – solange bis Du jene Antwort hast, die Du immer schon gerne hören wolltest. Mentoren und andere Ratgeber haben eine ähnliche Rolle. Letztlich können sie Dich nur anleiten und bestenfalls begleiten, zur eigenen Antwort zu finden. Und diese liegt bekanntermaßen in einem. Du trägst ja auch die Lösung bereits in Dir – nur bist Du oft blind und taub für das, was direkt vor Dir liegt und was aus dem Innen immer wieder tönt – weil so einfach kann es doch nicht sein. Ähnliches gilt für die *Seminarshopper* und Bücherwürmer, die ihr Innerstes derart zuschütten, dass es gar nicht mehr wahrnehmbar sein kann.

Vieles hängt mit Einstellungen zu einer Situation und der jeweiligen Wahrnehmung einer Situation zusammen. Diese sind von Erfahrungen und Erwartungen geprägt. Damit formen Vergangenheit und Zukunft das, was Du jetzt, also in der Gegenwart erfährst. Dazu kann man auch noch unterschiedliche Perspektiven zu einer Erfahrung einnehmen. Man kann eine Erfahrung als Geschenk sehen oder als die Prügel vor den Beinen. Die Erfahrung bleibt was sie ist – es ist alles eine Frage der Sichtweise und von Bewusstsein.

» ***Es geht um die innere Haltung, die innere Einstellung, die, gekoppelt mit den anderen Maßstäben, den Weg zum Erfolg bereitet.***

Wirksamkeit ist das Maß der Wahrheit, oder: probieren geht über studieren

Letztlich ist alles in Dir angelegt, Du musst nur darauf vertrauen und auch mutig Erkanntes anwenden. Vor lauter Angst kann dieses Wissen, diese innere Gewissheit, jedoch oft nicht oder nicht ausreichend aus uns hervortreten. So gehst Du ins Außen und wirst zum *Gurushopper,* zum geistigen Vagabunden und suchst unentwegt die so genannte Wahrheit, ohne eigentlich zu wissen, wonach Du suchst.

Es dringt das Ego immer wieder hervor und gaukelt Dir vor, dass Bücherwissen das Allheilmittel ist. Bücher und Seminare – alles im Außen – sind wichtige Instrumente. Sie sind jedoch nicht die innere Symphonie. Diese entspringt einer unmittelbaren Erfahrung, nämlich indem Du Deiner Erfahrung das gebührende Vertrauen schenkst.

Was funktioniert, ist wahr. Sich Wissen aneignen, auf welchem Weg auch immer, ist eine wesentliche Basis. Es anzuwenden, etwas zu tun und zu merken, dass es funktioniert, ist fast noch wichtiger; wenn man es schafft, dranzubleiben, hat man schon gewonnen. Dabei sind das Experimentieren, das Ausprobieren und das Herausfinden, was individuell passt, wesentlich. Geht ein Weg nicht, dann nimmt man voll Kreativität einen anderen. Das WIE ist nicht wichtig; wichtig ist nur, ob es funktioniert und ob Ergebnisse kommen. Analogien sind dabei oft ein hilfreiches Instrument. Was und warum funktioniert etwas im Fall A? Was lässt sich davon auf den Fall B anwenden und was besser nicht? Analogien sind das Sprungbrett in die Lösung – nicht jedoch die Lösung selbst. Sie sind Inspiration, um mutig ins Neue zu gehen.

Dies ermöglicht den Einsatz der gesamten Palette an Kreativität. Man ersetzt Negatives durch Positives. Dies gilt für Geist, Körper und Seele. Wesentlich ist, umgehend auf der entsprechenden Ebene agieren. Es gibt also immer auch einen anderen Weg, etwas zu tun.

Probieren geht dabei über Studieren, Erfahrungen sammeln und auch Fehler machen – daneben greifen und daraus lernen – das zeigt die Wirksamkeit einer Einstellung zu einer Aufgabe, zu den Mitarbeitern. Das ist angewandte Führung jenseits von Hörsälen und Fallstudien. Nur wer probiert, wer sich dem Risiko des Scheiterns aussetzt, wird gewinnen – Erfahrung und Erfolg – wohl auch weil Leadership immer eine Mischung aus Triumphen und Niederlagen ist. Der Schlüssel liegt darin, immer wieder aufzustehen – vor allem das eine Mal mehr als alle anderen.

Kinder zeigen dies immer wieder vor, wenn sie beharrlich etwas ausprobieren. Sportler und Musiker gelten ebenfalls als ausgezeichnete Beispiele. Erfinder probieren oft jahrelang herum, bis sie eine erste Lösung zu einem für sie relevanten Thema gefunden haben. Keiner der Beispiele bleibt stehen; vielmehr ist es ein dynamischer Prozess, der in Gang kommt – wie eine Welle, auf der sie schwimmen.

» ***Was funktioniert, ist wahr, d. h. man muss das angeeignete Wissen auch leben und immer wieder an der Realität überprüfen.***

Einmal Durchatmen auf der individuellen Ebene

Lass mich die individuelle Ebene nochmals für Dich zusammenfassen.

1. Die Welt ist, wofür man sie hält
2. Natürliche Grenzen und selbst gemachte Begrenzungen
3. Wir sind alle miteinander verbunden
4. Energie folgt der Aufmerksamkeit – Aufmerksamkeit folgt der Energie
5. Jetzt ist der Moment der Macht
6. Man selbst ist der Beginn
7. Alle Macht kommt von innen
8. Wirksamkeit ist das Maß der Wahrheit

Als Wegbegleiter im Team

Um ein Team zu führen, sind noch einige Wegbegleiter zu beachten, die vieles ermöglichen und ebenso vieles erleichtern. Es ist ein tägliches Jonglieren, ein sich Bewusstmachen, ein sich innerlich Hinführen. Man muss die Wegbegleiter nicht auswendig können und sie sklavisch beachten. Vieles ergibt sich sowieso – manches ist jedoch sehr hilfreich, wenn man es von Beginn an beachtet. Lass mir Dir wieder die GPS-Koordinaten mitgeben:

1. Leadership ist im Machstadium Handwerk
2. Klare Ideen mit Ziel(en), Mitteln und Wegen sind die Grundlage für erfolgreiche Leadership
3. Verstand und Intuition formen das Ganze von Leadership
4. Vorbereitung und Kompromisslosigkeit bei Qualität sind Grundprämissen von erfolgreicher Leadership
5. Ohne Eigenverantwortung und Flexibilität keine Leadership
6. Übung, Disziplin und Hingabe sind wesentliche Begleiter auf der Straße zu erfolgreicher Leadership

7. Leader sind Schöpfer und nicht ausschließlich Macher
8. Zuhören, kommunizieren und psychologisches Feingefühl sind unabdingbare Qualitäten von Leadership
9. Ruhe, Pausen, Stille, Gelassenheit
10. Einheit in Vielfalt

1. Leadership ist im Machstadium Handwerk, oder: warum es keinen Feldherrnhügel mehr gibt

Die Anwendung des Spirituellen und seine Kombination mit dem Intellektuellen und dem Handwerk kommen einer Kompositions- und Orchesterarbeit gleich. Leadership ist ein alchimistischer, und damit gleichzeitig ein verbindender und trennender Prozess, der letztlich nicht aufhört, wenn Du einmal drinnen bist. Freude dabei ist für alle ein wesentlicher Motivationsfaktor. Man lernt es üblicherweise schrittweise, durch große Neugier, durch Fehler und so genannte Rückschläge, die oft die größten Fortschritte im Lichte des Ganzen sind – vor allem lernt man es durch Erfahren. Vieles ergibt sich im Kleinen, im Quantenbereich und wird vom Außen gar nicht bemerkt. Für den Einzelnen hingegen verschieben sich Gebirge.

Darüber hinaus muss man sich selbst verstehen und gleichzeitig für andere Verständnis haben. So ergibt sich eine gelebte Symbiose aus Dienen in Demut und Verantwortung. Man ist in den Kreislauf eines lebenslangen Wissen-Erlernen und Wissen-Erinnern eingebunden. Es geht dabei nicht um Heilsversprechen, sondern sehr oft um ein Jonglieren und Nerven behalten, um das Ausstrahlen von Autorität und um das Entwickeln einer natürlichen Macht und Verantwortung. Denn schließlich bist Du Verbinder zwischen mehreren Welten. Dieses Verbinden verlangt nach Fragenstellen, nach Zuhören und Konsultieren und es erfordert Instinktsicherheit. Das benötigt Zeit und auch Reife – bei allem Talent und bei aller Genialität.

Wenn Profis agieren, hat man oft den Eindruck, dass alles recht leicht dahin fließt. Beobachtet man einen Weltklassedirigenten bei Proben, so erkennt man sehr rasch, ob er sein Handwerk versteht und wie dieses beim Orchester ankommt. Im Regiefach ist das ähnlich. Beide wissen über die Instrumente und die Menschen, die diese Instrumente bedienen, Bescheid. Sie können klare Anweisungen geben, ohne besserwisserisch zu sein. Kraft ihres handwerklichen Wissens schaffen sie das Fundament der Zusammenarbeit.

Strategie zu leben ist eine ähnliche Erfahrung. Das Wissen um die strategischen Parameter, wie man von der Idee und Vision zu einem konkreten Konzept kommt und wie man dieses dann auch mit Leben befüllt und umsetzt, basiert zunächst auf ausgesprochen handwerklichen Fähigkeiten. Diese haben nichts Mystisches an sich, sondern sind aus intensivem Studium und Lernen geboren.

Wenn man ein Spitzenteam im Sport führt, z. B. in der Formel 1, im Radsport oder im Fußball, dann braucht man ebenfalls ausgeprägte handwerkliche Fähigkeiten. Man muss um die Bedürfnisse von z. B. sehr heterogenen Gruppen Bescheid wissen, sie abholen und ihre Aufgaben, Möglichkeiten und Grenzen kennen, um sie harmonisch zusammenzufügen. Diese Kenntnisse formen die Basis, aus der dann die Weltmeister entstehen.

Und gerade deswegen gilt: So strahlend-animierend, kreativ und spannend alles klingt – in der Lernphase und Machphase ist und bleibt Führung eines selbst und Führung von anderen unglamourös, uneitel und unspektakulär. Es sind die Quanten, die zählen, und nicht die *Big Bangs*. Vom verklärten Feldherrnhügel ist nicht mehr viel übrig.

»

Leadership ist im Machstadium unglamourös, uneitel und unspektakulär.

2. Klare Ideen mit Ziel(en), Mitteln und Wegen, oder: es braucht schon mehr als eine wattige Vision

Klare Abholpunkte, das Wissen, was geht und was nicht geht, das Vertrauen, zu fühlen, in welcher Stelle des Flusses man sich im Moment befindet, und ebenso klare Ziele mit einer entschiedenen Ressourcenzuteilung sind unabdingbar. Dass dies alles ein forderndes Unterfangen ist, ist unbestritten. Das Allerschlimmste sind Unentschiedenheit und Beharren auf die so genannte Richtigkeit. Richtig ist, was einen im Moment packt und überzeugt und wo man spürt, dass man etwas Substantielles bewegen kann. Kompromisse sind Teil des Spiels. Sie sind mit den sich eröffnenden Realitäten zu machen und weniger oder gar nicht mit dem Inhalt.

Ebenso ist unbestritten, dass es Rückschläge und Fehler gibt – ja auch geben darf. Sie sind auch Teil des Ganzen. Dieses Ganze existiert nie ohne Interpretation. Es existiert erst dann, wenn es erdacht und vor allem gemacht wird. Und es ist erst dann da, wenn das Risiko des Moments, die Möglichkeit des Scheiterns gegeben ist.

Im Moment des Geschehens ist Leadership immer Jetzt. Leadership entsteht aus Leadership. Die Erfahrung wird weiterentwickelt und in eine neue Form und in einen neuen Inhalt gebracht. Dabei nimmt man einmal mehr Risiko, und einmal weniger Risiko. Der inhärente und untrennbare Moment des Scheiterns ist immer gegeben.

Leadership wird aus Triumphen und aus Niederlagen gemacht. Zeitgemäße Leadership ist eben mehr als der Sieg über etwas anderes. Sie begeistert und ist beseelt. Man muss sie auch spüren – und nicht nur lesen und sehen können – und auch scheitern dürfen. Angst ist dabei ein schlechter Ratgeber.

Unternehmer, gleich aus welcher Branche, kennen dies. Entscheiden, Fehler machen, Risiko nehmen, sich neu orientieren – alles in großer Klarheit – ist überlebensnotwendig für sie selbst und auch für das Ganze.

Dirigenten müssen oft binnen Sekundenbruchteilen in Aufführungen Entscheidungen treffen, ansonsten läuft das Orchester in einen Schmiss, d.h. es verheddert sich derart, dass man nur mehr abbrechen kann und neu starten muss – unangenehm, jedoch nicht unmittelbar lebensbedrohlich. Diese Entscheidungen werden im Regelfall nicht durch große Gesten angekündigt, sondern ergeben sich aufgrund des ausgeprägten Handwerks.

Im Sport findet man ebenfalls Situationen, wo unmittelbares Handels gefragt ist – wenn die Betonwand auf den Formel-1-Fahrer bei 300 km/h zurast, hat auch dieser nur Bruchteile an Sekunden zur Entscheidung.

Wenn der Schispringer von der Windböe erfasst wird, muss er unmittelbar korrigieren. Der Schirennläufer, der von der Bodenwelle erfasst wird, hat ebenfalls nur ein minimales Zeitpolster, um zu entscheiden, in die Fangzäune zu fliegen oder sich akrobatisch ins nächste Tor zu retten.

Fußballtrainer haben vielleicht ein wenig mehr Spielraum. Sie entscheiden sich für die Mannschaft in der Beginnaufstellung und haben, außer im Falle von akuten Verletzungen, etwas mehr zeitlichen Spielraum für Entscheidungen, zu wechseln und umzustellen. Eine grundlegende Veränderung des Spielsystems hingegen ist auch ihm im Regelfall während des Spiels kaum möglich. Hier muss er sich vorab festlegen. Während des Spiels kann er Quantenveränderungen vornehmen. Dass Profis dabei auch einmal daneben greifen können, kann man immer wieder bei großen Turnieren erkennen.

» ***Leadership basiert auf klaren Ideen mit Zielen, Mitteln und Wegen und auf solidem Grundwissen.***

3. Verstand und Geist formen das Ganze von Leadership, oder: *it takes two to tango*

Du musst Denken, Arbeiten und Inspiration in Deinen Bereichen verbinden können, um ins Spielerische übergehen zu können.

Dass dies alles keine glatte Straße ist, liegt auch auf der Hand. Dass man sich manches Mal sehr strecken muss, ist ebenfalls klar – und dass man dabei nicht immer alles so klar weiß wie man vielleicht möchte – auch damit muss man leben lernen. Es ist der Weg, der nicht nur zum Ziel führt, sondern der selbst das Ziel ist.

Zeitgemäße Leadership ist zutiefst gelebte Interdisziplinarität und nichts Additives, d. h. es ist eine Kompositionsarbeit zu etwas Neuem und kein Nebeneinander von Einzelteilen. Es ist das Bestreben, aus mehreren Expertisen etwas Neues zu erschaffen und nicht im zusammenhanglosen Nebeneinander stehen bleiben. Es ist letztlich einem Tanz sehr ähnlich – daher – *it takes two to tango.*

Es ist der Mut, den Weg des größten Widerstands zu wählen, indem man konsequent das Tempo geht, ohne vor Abruptheiten des Wechsels Angst zu haben – und die gibt es in der Interdisziplinarität wesensinhärent. Diese Abruptheiten und Brüche sind die Essenz dieser Art des Denkens und Arbeitens. Es sind die Bereitschaft und Fähigkeit, dem was kommt, die Stirn zu bieten. Es ist das Entwickeln des eigenen Standpunktes, ohne dabei in eine Beliebigkeit zu verfallen. Dazu mag Interdisziplinarität den verführen, der um ihr Wesen nicht Bescheid weiß. Oft muss man auf diesem Weg einige Umwege in Kauf nehmen, herum probieren, umstellen, wieder neu anordnen, tüchtig auch daneben greifen und dabei immer hoffen, dass man die richtige Spur findet und auch auf ihr bleiben kann. Es ist immer wieder das Ungeplante, das einen inspiriert und weiterbringt. Es ist eine Form von ganz großer Alchemie. Und dieses Ungeplante und Unplanbare kann nur in der Symbiose von Geist und Verstand entstehen.

Politische und militärische Strategen leben davon. Strategie ist nichts Festgefügtes, sondern passt sich der Umwelt an und fließt regelrecht in die Strategie, ins Konzept und dessen Umsetzung wieder zurück. Es ist ein dauerndes Geben und Nehmen zwischen dem Strategen und dem, das er gestaltet und formt. Daher sind *strategic adjustments* das Normalste und nicht notwendigerweise auf das Unvermögen des Strategen zurückzuführen. Dass dabei Faktenwissen und Erfahrung mit Gefühl gekoppelt zur Anwendung kommen, ist vielen verloren gegangen. Wie könnte man ansonsten die Komplexität von Situationen wie z. B. im Irak und Afghanistan oder einer Wirtschaftskrisen globalen Ausmaßes erfassen – wohl nur wenn man mutig interdisziplinär denkt und agiert. Dass es Lücken und Niederlagen gibt, ist normal. Wichtig ist jedoch, nicht von grundlegend falschen Prämissen zu starten. Dann ist die Aktion verloren, bevor man richtig begonnen hat.

Leadership basiert auf der Handlungseinheit aus Verstand und Geist.

4. Vorbereitung und Kompromisslosigkeit bei Qualität sind Grundprämissen, oder: warum es nicht nur schick ist, vorab Zeit zu investieren

Die Vorbereitung und das Einarbeiten in ein Thema sind Voraussetzungen, um Deine Ansicht und Deinen Standpunkt dazu entwickeln zu können. Dabei nimmt man sich durchaus heraus, einem Thema, einer Frage und Antwort seinen Stempel aufzudrücken. Man ordnet sich daher auch nicht einer Stillinie und einer besonderen Denkschule unter, wiewohl man bestimmte Ausgangspunkte und ein Fundament in seinen Arbeiten hat – um sie loslassen zu können. Auf diesen Ausgangspunkten aufbauend, entwickelt man sich und sein Handwerkszeug weiter. Es ist ein dauerndes Auseinandernehmen und Zusammensetzen von Erfahrung und Expertise, ein spiralartiger Prozess, der auf Erweiterung ausgerichtet ist.

Die so genannte Richtigkeit ist das größte Hindernis für Innovation und für das Leben im Jetzt ist. Das Entsprechen wollen führt dazu, dass Du Dich von Dir selbst zu entfernst, weil Du Dir nicht die Möglichkeit gibst, Dich an Dich selbst anzunähern. Entsprechen wollen unterdrückt jegliche Freude am eigenen Sein und Tun.

Hier geht es also nicht um die schnelle Nummer und nicht um höher-schneller-weiter. Es ist das Gefühl für Rhythmus, Form, Struktur, Tempo, Zeit, Raum, Macht, Tempo rubato, Fließen lassen etc., das einen in der Wahl zwischen Verstand und Intuition, zwischen Form und Freiheit beeinflusst. Nachdenken ist in der Ordnung, ebenso die penible Analyse. Stoße jedoch nicht bis in die allerletzten Geheimnisse vor; ansonsten nimmst Du Dir die Inspiration für die Aufgabe. Man muss Spielmasse haben, muss beim Nachdenken und Konzipieren immer etwas offen lassen und es mehr oder weniger laufen lassen und einem Konzept das momentane Leben einhauchen und die ihm eigene Magie belassen. Entwicklungszeit und Entwicklungsraum sind wesentliche Aspekte. Du musst es aushalten können, dass man sich in Quanten entwickelt, die oft auf den ersten Blick unscheinbar, jedoch im Effekt enorm sind. Nur bemerkt man dies erst im Nachhinein. Du wirst so zum Pionier – ohne dabei die Tradition zu vernachlässigen.

Musiker bereiten sich oft monatelang auf Konzerte vor. Sie studieren dabei nicht nur Partitur, sondern lesen rund um das aufzuführende Werk, hören und sehen andere, wie die sich herangemacht haben, führen Gespräche – und sie probieren sich und das Stück aus. Die Virtuosität zeigt sich jedoch immer erst bei der Aufführung.

Sportler verfahren ähnlich in ihrem Training für den großen Tag des Wettkampfes. Sie bleiben dabei nicht nur in ihrer eigenen Sportart, sondern trainieren bestimmte Fähigkeiten, die ihnen helfen, die Leistung am Tag X bestmöglich zu erbringen. Das Quäntchen Unplanbarkeit, das Abhängen von der Tagesverfassung und von glücklichen Umständen – das eröffnet dann die Meisterleistungen.

Strategen geht es dabei ähnlich. Wenn man im Einsatz steht, d. h. wenn die Strategie in all ihrer Breite überprüft wird, dann geht diesem Moment eine oft jahrelange Vorbereitung über eine Reihe von Stufen und Vorübungen voraus. Es erschöpft sich nicht nur im Schreiben eines Papiers, sondern die Wahrheit und die Bewährungsprobe zeigen sich in der Umsetzung. Auch die ist Teil der Strategie.

» ***Leadership setzt eine penible Vorbereitung und die Kompromisslosigkeit bei Qualität voraus.***

5. Eigenverantwortung und Flexibilität sind gefordert, oder: warum man Verantwortung nicht delegieren kann

Es geht dabei um Flexibilität, um die Akzeptanz von sich selbst, von anderen und um die herrschenden Umstände; in dieses Amalgam musst Du eintauchen und davon Gebrauch machen. Probleme werden mit dieser inneren Haltung für Dich zu Möglichkeiten.

Dabei musst Du Energie effizient einsetzen; wesentlich ist ein Grundgefühl, bis zu welchem Niveau Du gehen kannst, ohne Dich selbst und andere organisatorisch und inhaltlich am Ende zu überfordern. Dabei muss man das Wechselspiel zwischen Spannung und Entspannung beherrschen. Gleiches gilt im Übrigen auch für Freiheit – sie ist ohne Ordnung und Rahmen nicht möglich – ansonsten gelangen sie nie zu einem Ergebnis. Das betrifft auch Emotionen. Sie müssen kanalisiert und auch organisiert werden. Man muss Emotionen dann Raum und Zeit geben, wenn sie angemessen sind.

Es ist das Wechselspiel von sich mutig Anheimgeben und dabei die eigenen Grenzen zu wahren. Dann liegst Du im Zentrum der Ökonomie der Kräfte. Ordnung bedeutet nicht Unbeweglichkeit. Ökonomisch und organisch sind die Bewegungsabläufe – ohne große Showgebärde. Hellste Wachheit signalisiert der Körper; äußerste Kontrolle, Klarheit und Entschiedenheit, Übersicht und Sachlichkeit leiten an. Dies heißt jedoch nicht, dass es Dir in den Umsetzungen an expressiver Kraft mangelt. Es ist die Symbiose aus Emphase und analytischer Durchdringung, die für Dich handlungsleitend ist. Auch das bedeutet die Ökonomie der Kräfte.

Zudem geht es um Eigenverantwortung – selbst wenn Du Dir Hilfe und Ideen von außen holst – und das kann immer wieder bereichernd und auch notwendig sein, weil wir die Reflexionsfläche im Außen brauchen – nur den Weg nach Innen musst Du schon selbst gehen. Entscheiden und Verantwortung tragen sind wesentliche Aspekte – die nimmt Dir keiner ab. Klarheit ist eine wesentliche Voraussetzung für Wahrhaftigkeit und dies inkludiert auch eine positive Selbstbeschränkung.

Übernimmt ein Generalmusikdirektor ein Orchester, das schon längeren Bestand hat, dann geht es darum, etwas Gemeinsames, das lohnend und herausfordernd ist, zu finden.

Eine Aufführung von Bruckners 4. Symphonie in Berlin im März 2012 zeigte dies in einer Weise ohne Worte. Das Gemeinsame im Musikalischen war gefunden und der Dirigent war mit all seiner Erfahrung ein Modell für den effizienten Einsatz seiner Energie. Er musste gar nichts mehr tun – jedes Mehr hätte die Aufführung gestört. Das Orchester spielte aus sich heraus ihre eigene Sichtweise des Werkes. Der Dirigent war ein brillanter Ermöglicher – mit klar demonstrierter Letztverantwortung.

Beim Plotschreiben für ein Planspiel, das einer Komposition gleichkommt, wird man auch von der Fähigkeitsentsprechung geleitet. Dies meint, dass man ein Quäntchen über den zu erwartenden Fähigkeiten der Spieler die Aufgabe ansetzt. Man fordert, ohne zu überfordern. Auch dies ist Ausdruck der Ökonomie der Kräfte. Der Spielleiter ist gefragt, zu führen – und das kommt auch aus ihm heraus – bei allen Vorbildern und Beispielen. Die Letztverantwortung bleibt bei ihm. Sie ist undelegierbar.

Sporttrainer stehen ebenfalls vor einer ähnlichen Aufgabe, wenn sie ein fähigkeitsentsprechendes Trainingsprogramm aufzustellen und umzusetzen haben. Der Sportler soll ja zum Wettkampf in Bestform und nicht ausgebrannt gehen. Training soll Spaß machen, die Leistung fördern und gleichzeitig fordern. Die Verantwortung bleibt jedoch beim Trainer.

Wenn man mit Teams an ehrgeizigen jungen Menschen arbeitet, z. B. in der Wissenschaft – gleich welcher Disziplin, so drängen die ‚jungen Löwen' oft, sich möglichst rasch an die großen Fragen heranzuwagen. Das subtile, ökonomische Heranführen ohne die Neugierde und Spielfreude zu stören oder gar zu zerstören, ist wohl eine der größten Herausforderungen für Führende. Verantwortung dafür zu übernehmen – im Übrigen auch.

» ***Leadership erfordert Eigenverantwortung und Flexibilität – vom Führenden und von den Geführten.***

6. Übung, Disziplin und Hingabe, oder: warum scheinbar Unmodernes Erfolgsgaranten sind

Übung bedeutet, dass Du Dich mit einem Thema und einer Sache eingehend auseinandersetzt, um Meisterschaft zu erlangen. Es geht weit über das Interesse für etwas und über die reine Neugierde hinaus. Übung ist untrennbar mit Disziplin und Hingabe verbunden. Alle drei verlangen von Dir, im Hier und Jetzt zu bleiben – in der Zeit zwischen zwei Atemzügen – und sich genau diesem Jetzt an drei Sekunden anheimzugeben.

Disziplin und Hingabe meinen das Dranbleiben an einer Sache, einer Idee, das sich immer wieder Leermachen, damit etwas in einem gefüllt werden kann. Es geht dabei um das fokussierte und gleichzeitig mutig lockere Dranbleiben an einer schönen Möglichkeit.

Disziplin ist die Tür zur Freiheit. Es gibt keine Freiheit ohne Form und Struktur. Disziplin und Freiheit sind nur scheinbare – illusorische – Gegensätze. Disziplin bedeutet, konsequent ein wenig mehr zu tun, tiefer zu gehen, sich durchzubeißen, dranzubleiben, neugierig zu bleiben.

Disziplin bedeutet auch, Prioritäten setzen, Kräfte und Gedanken sammeln, im Hier und Jetzt – im Augenblick sein.

Dann – und nur dann – kannst Du in die Hingabe an das jetzt zu Tuende gehen und sein.

Im Hier und Jetzt zu sein, ist eine klare Absage an *Multitasking*. Mit *Multitasking* kannst Du nie in der Rolle sein, in der Du hier und jetzt sein musst, um Deine Aufgabe zu erfüllen. Du kannst niemals den Überblick wahren, wenn Du Dich in hunderten Details und Nebenkriegsschauplätzen verlierst. Nur mit der klaren Ausrichtung der Aufmerksamkeit stimmen Worte und Taten überein; nur so kannst Du Vertrauen und Glaubwürdigkeit erzeugen – und dabei keinerlei Zweifel aufkommen lassen.

Schispringer vor und während eines Sprunges zeigen diese Forderung sehr gut. Würde der Springer sich aus der Konzentration und dem Fokus begeben, so wäre der Absturz bzw. kurze Sprung gewiss.

Der Spielleiter während eines Planspiels ist in einer ähnlichen Lage. Nur fokussiert er weniger auf einen Zeitpunkt wie der Schispringer, sondern auf einen Zeitraum – und der kann manches Mal Wochen dauern. Dies muss geübt sein und man muss sich bewusst sein, dass man oft nicht die gesamte Zeitdauer den Fokus halten kann. Achtzig Prozent reichen, vor allem wenn der Fokus in den entscheidenden Übergangsphasen gehalten wird. Dies braucht eine entsprechende Vorbereitung und man muss wissen, wann es nun drauf ankommt, diszipliniert zu sein und bei der Sache zu sein.

Dirigenten und Musiker müssen sich entsprechend vorbereiten, um sich überhaupt in einer sinnvollen Probe zusammenzufinden. Kommen Sänger z. B. im Rahmen von konzertanten Aufführungen oder Opern dazu, dann liegt einer erhöhter Koordinierungsbedarf vor, der nur mit Disziplin und Hingabe aller Beteiligten während einer Aufführung zu meistern ist.

Autoren sind in einer nicht unähnlichen Position. Schreiben verlangt neben der regelmäßigen Übung viel mehr Disziplin und Hingabe als man auf den ersten Blick zu vermeinen mag.

Die unbedingte Konzentration auf das, was jetzt von den Händen gemacht wird, ist Ausfluss dieser beiden Eigenschaften. Es ist dieses bedingungslose Dranbleiben und das Glauben an die eigene Bestimmung, die sich in Disziplin und Hingabe manifestieren.

Kinder zeigen Disziplin und Hingabe sehr gut vor, wenn sie etwas wirklich wollen. Sie haben ein hohes Durchhaltevermögen (manche nennen es Penetranz, also Durchdringung) und eine ebenso Hingabe an das, was ihnen so am Herzen liegt.

Auch Sportler à la Thomas Muster und Niki Lauda nach Verletzungen zeigen, was Disziplin und Hingabe meinen. Aus scheinbar aussichtslosen Lagen haben sich beide binnen kürzest möglicher Zeit in Weltkarrieren zurückkatapultiert – weil sie getrieben waren vom Wunsch, ihre Bestimmung zu leben – und dafür gaben sie mit Disziplin und Hingabe und einem unnachahmlichen Fokus alles, was ihnen gegeben und möglich war.

»» ***Leadership verlangt Übung, Disziplin und Hingabe.***

7. Leader sind Schöpfer oder: warum Daten, Zahlen und Fakten alleine nicht ausreichen

Du bist jederzeit und überall in der Wahl, Dich für oder gegen etwas zu entscheiden – auch wenn Du meinst, dass dies jetzt gerade nicht der Fall ist, ja gar nicht sein kann. Damit bist Du eine Form von Schöpfer. Sich dieser Macht bewusst zu sein, erfordert eine Quantenveränderung im Inneren. Sich bewusst zu sein, dass man die Dinge in der Hand hat und die Fäden ziehen kann und darf, erschreckt den einen oder anderen. Damit ist nichts mehr delegierbar und abwälzbar. Damit fallen Beurteilungen, Verurteilungen und Schuldzuweisungen in sich zusammen. Es geht dabei um das Gemeinsame, um Empathie, Gerechtigkeit, Fairness und auch eine um gewisse Form von Demut und Würde.

Es gilt hier mehr denn je: wer ermutigt, ermächtigt und lobt, der führt zeitgemäß – und zwar sich selbst und andere, denn wer sich selbst nicht führen kann, kann andere nicht führen!

… Und es gibt einfach keine Gelinggarantie!

Innovative und mutige Politik ist ebenso untrennbar mit Fehlschlägen und Niederlagen verbunden wie Unternehmensinvestitionen in Neues, Unbekanntes. Mut, Ermächtigung, jenseits ausgetretener Pfade zu laufen und nicht genau zu wissen, was auf einen zukommt, das Risiko des Scheiterns und des gleichzeitigen Triumphes sind Teil dieser Vorgehensweise. Sie ist unbequem, jedoch inspirierend.

Aufführungen von zeitgenössischen Werken in der Musik und im Schauspiel sprechen nach wie vor ein kleineres Publikum an – weil es oft Klangwerke jenseits von klassischem Wohlklang sind. Sie sind unberechenbar, sie exponieren sich – sie sind genauso beseelt und voll Begeisterung geschrieben wie Beethovens 9. Symphonie.

Wissenschafter auf der Suche nach dem Higgs-Boson zur Komplettierung des Standard-Modells der Teilchenphysik bei CERN waren über viele Jahre auch von dem Ansinnen getragen, das bislang Ungefundene und Unbewiesene zu finden und zu beweisen – und was das heißt, zeigte sich im Sommer 2012 nach fast fünfzig Jahren. Nicht umsonst spricht man vom Gottesteilchen. Es war das Gemeinsame, der Wunsch nach dem Außergewöhnlichen, dem Auffinden des seit langem Fehlenden, der sie antrieb. Sie nahmen auch Rückschläge und das scheinbare Scheitern gelassen hin, weil sie um die ungeheure Sensibilität des Unternehmens Bescheid wussten und aus jedem Fehlschlag ihre Schlüsse zogen und weiterlernten. Damit näherten sie sich jedoch unaufhaltsam dem zu Findenden an.

» ***Leader sind Schöpfer und nicht ausschließlich Macher.***

8. Zuhören, kommunizieren und psychologisches Feingefühl, oder: die richtige Mischung aus aktivem Schweigen und klarer Kommunikation

Zuhören wird am meisten unterschätzt – es ist kein passives Hören, sondern ein Hören, das vom Denken aktiv begleitet und unterstützt wird. Hören und Denken leiten einander an, sodass ein ausgewogenes Verhältnis entsteht. Dann entsteht auch ein Dialog – vor allem ist der Dialog aus Fürsprache und Kritik ganz wesentlich, denn nur aus Reibung entsteht Entwicklung, die zur Formung des Eigenen unabdingbar ist.

Dabei musst Du die Ideen verständlich weitergeben. Dies kann verbal und nonverbal sein. Der Gestik und Mimik kommt oft eine höhere Bedeutung als laute Worte zu. Es ist wie bei der Kapellmeisterei, wo dem Orchester mit Händen und Augen gezeigt wird, was man von ihm haben möchte. Klarheit und Entschiedenheit kommunizieren sich auch und gerade über die Körpersprache. Die gesamte geistige Haltung, die Körpersprache, die Gestik und die Mimik, die oft die einzige Kommunikationsmöglichkeiten in entscheidenden Situationen sind, müssen harmonieren.

Weder Übertreibung noch Untertreibung in der Körpersprache sind hier hilfreich. Wesentlich ist die Klarheit im Ausdruck, die Eindeutigkeit im Wunsch, was Du möchtest.

Dazu machst Du Vorgaben zur Lage und vermittelst Deine Ansichten zur Lage und zu möglichen Entwicklungen. Erst in der Umsetzung siehst Du, ob die Mannschaft in der Lage ist, die Vorgaben nach Deinen Vorstellungen nachzuvollziehen und verstehen zu können. Zudem verbreitet jeder Energie, Vibrationen, Schwingungen, die oft nicht erklärbar sind – und dennoch fühlt man sie.

Die Bedeutung von Worten wird in diesem Zusammenhang oft falsch eingeschätzt. Worte nutzen sich ab und verlieren ihre Bedeutung. Bilder hingegen haben eine ganz andere Kraft. Sie sind die Symbolsprache der Seele. Gelingt es, Bilder zur Alltagssprache werden lassen, dann gelangt man zur Intuition. Auch hier gilt wieder das Prinzip des ‚sowohl-als-auch'. Es geht darum, Bilder stärker in die Kommunikation einfließen zu lassen und weniger die Dinge zu zerreden.

Letztlich ist das sogen. Geheimnis darin begründet, Deinem Team die Freiheit zu geben, die es braucht, um das zu sein und zu tun, was Du willst. Dann ist Leadership die Integration von scheinbaren Widersprüchen gepaart mit der Virtuosität in der Ausführung. Es ist wie das Registerziehen an einer Orgel, um alle Tonschattierungen herauszuholen. Gleichzeitig ist auch eine gewisse Form von Mechanismus da – Du musst Dich an bestimmte Formen halten, wenn Du Manuale und die Pedale betätigst.

Im Zusammenspiel eines Orchesters und bei Mannschaftssportarten zeigt sich dies besonders schön. Beim Orchester hört und fühlt man die Harmonie sofort; bei Mannschaftssportarten dauert es vielleicht ein wenig länger im Ergebnis. Brillante Spielzüge sind das Vorgeplänkel zum Tor, Korb oder Zähler. Dabei gibt es einen Dirigenten bzw. einen Spielführer. Von ihm hängt die Mannschaft maßgeblich ab, von seiner Kompetenz, seiner Persönlichkeit, seiner Fähigkeit, die anderen mitzunehmen, sie zu überzeugen, dass sein Weg der erfolgversprechende Weg ist.

Das Zusammenspiel eines Unternehmens mit den einzelnen Abteilungen mag als weiteres Beispiel herhalten. Wenn die Abteilungen nicht zusammenspielen und einer klar das Sagen hat – faktisch und gefühlt – dann laviert das Unternehmen hin und her und bringt kein befriedigendes Ergebnis.

Das Zusammenspiel der EU-27 zeigt, welche Fallstricke lauern, wenn die Verantwortungsübernahme, die Klarheit, die Entschiedenheit und die Mängel in der Kommunikationsfähigkeit nicht ausreichend ausgeprägt sind und man sich in einer konstruktiven Ambivalenz ergeht. Und dennoch funktioniert das Projekt seit vielen Jahren als Kitt – Erweiterung nicht ausgeschlossen – wohl auch weil es immer ein ‚Weiter' gibt, das auf dem kleinsten gemeinsamen Nenner basiert.

» ***Leader können zuhören, kommunizieren und haben ein psychologisches Feingefühl.***

9. Ruhe, Pausen, Stille, Gelassenheit, oder: auch Nichtstun gehört zur zeitgemäßen Leadership

Die gespannte Stille und die innere Ruhe sind Voraussetzungen für Wahrnehmung, für das Erkennen des Anfangs und des möglichen Weges. Das zeitweise und bewusste sich Herausnehmen aus dem Ganzen ist ein wesentlicher Bestandteil von Leadership. Sicher ist, dass aus der Distanz und durch die Distanz und durch das Andere sich oft ganz unerwartete, wunderbare Lösungen ergeben.

Leader müssen dazu auch im Prozess des Konzipierens, des Denkens und des Führens ein hohes Maß an Gelassenheit leben, denn je hektischer man ist, umso inkompetenter wirkt man und umso schneller reißt man das Ganze in einen Schmiss, der oft mit schmerzhaften Konsequenzen verbunden ist – und das geht in hochvolatilen Zeiten ganz, ganz rasch und oft unbeabsichtigt und unvorhersehbar.

Oft bedeutet es neben der Ruhe auch die nichtfassbare Stille und Gewissheit, die Du ausstrahlst. Letztlich verlangt Gelassenheit eine Form von Disziplin – die Disziplin, loszulassen und sein zu lassen. Manches Mal ist einfach nichts mehr zu tun und geschäftig zu machen – eine große Herausforderung in einer Zeit, die turbulent ist und uns scheinbar zum Handeln, zum Managen zwingt – obwohl das gar nicht mehr gefragt ist! Dann wird sehr oft die hektisch gesuchte Lösung auf einmal in wundersamer Weise sichtbar und fühlbar.

Klar ist auch, dass diese scheinbare Antithese zu allem, was bislang aufgezeigt wurde, unabdingbar ist. Ohne sie geht nichts, man bleibt im Mechanischen hängen. Nur mit der Antithese zu agieren, bringt ebenfalls nicht weiter. Die Synthese aus These (=Verstand und Antrieb) und Antithese (=Inspiration durch Ruhe und Stille) ist das mögliche Geheimnis.

Kontrastprogramme wie z. B. Sport, Museumsbesuche, Betrachten von Bildern, Musik hören und machen, in die Natur gehen helfen oft, sich einer Lösung anzunähern. Sie eröffnen neue, andere Möglichkeiten.

Wider die Betriebsblindheit, d. h. das bewusste Herausgehen aus einer Aufgabe nach einer bestimmten Zeit um sich frische Anregungen zu holen, gilt in Unternehmen als bewährtes Mittel, um persönlichen Fortschritt und die Weiterentwicklung des Ganzen zu ermöglichen. Ziel ist auch, heraus aus der übersaturierten Erfahrung zu gehen, sich leer machen und damit für Neues offen werden.

Der temporäre Ausstieg gibt nicht nur frische Ideen, sondern führt in die Stille, in die bewusste Leere – nur dann ist Platz für Neues. Erholung ist mindestens genauso wichtig wie fokussierte Leistung. Es ist das Wechselspiel, das die Lösung in sich trägt.

Leadership erfordert als Antithese Ruhe, Pausen, in die Stille gehen und Gelassenheit leben, damit aus der Leere Neues entstehen kann.

10. Einheit in Vielfalt, oder: mehr als diversity management und intercultural communication and competence

Führung ist immer etwas Resonantes. Sie zeichnet sich dadurch aus, dass Du auch dem schwächsten Glied im Netzwerk die gleiche Wertschätzung entgegenbringst wie dem stärksten, und dabei die Notwendigkeit des Ganzen nicht in Frage stellst.

Es geht darum, mit Menschen Verbindung aufzunehmen und nachhaltig herzustellen. Dazu bedarf es etwas Gemeinsames, das Du auch vermitteln kannst und Du über Schlagworte hinausgehst. Man muss mit einem Konzept beginnen, das man klar in sich trägt – und gleichzeitig muss man bereit sein, dieses völlig aufzulösen und neu zusammen zu setzen. Individualität und Gemeinsames in Deckung zu bringen, ist wohl eine der großen Herausforderungen. Dabei kannst Du von einem starken Partner profitieren. Ein Team, das etwas selbstbewusst anbietet und inspiriert, ist insbesondere dann wichtig, wenn man das Unmögliche, die vermeintliche Unerreichbarkeit in der Ambition vor Augen hat.

Dies meint, dass Du Dich immer wieder fragen musst, ob Du verbindest und wenn ja, was und wen verbindest Du womit?

Verbindung aufzunehmen bedingt, dass es Dir gelingt, Vertrauen zu schaffen. Man muss sich vertrauen und aufeinander einlassen können – ohne Sicherheitsnetz.

Dann hast Du Möglichkeit, einen Organismus entstehen zu lassen. Du kommst in eine Einheit in Vielfalt, in ein organisches Ganzes. Man vermittelt dabei die Übersetzung von Fakten und Gefühlen zu einer Idee in Form von gemeinsamem Atmen und sich miteinander verbinden.

Und dabei darf jeder seine Begabungen einbringen, die oft weit gespannt sind und beim dramatischen Koordinieren beginnen und sich bis zur Vermittlung verschiedener Bereiche ausdehnen können. Dazwischen gibt es eine äußerst vielfältige Spannbreite. Man ist in einem komplexen Geflecht voneinander abhängig und aufeinander angewiesen.

Wie man mit der Mannschaft umgeht, wie man sie fordert und gleichzeitig fördert, auch das ist Teil des diffizilen Verständigungsprozesses, der Persönlichkeit und Training verlangt.

Leadership hat viel mit Geben und Nehmen zu tun. Bei aller Individualität ist eines klar: einer hat die Letztverantwortung – und das ist der Führende. Er vermittelt Führung gefühlsmäßig und faktisch. Dann folgen die Mitspieler Kraft ihrer Selbstdefinition. Das ist auch der Sinn von Führung. Führung ist nicht Drill. Man muss sie fühlen können, gleichzeitig auf die gemeinsame Basis vertrauend. Dann ergibt sich auch eine Architektur von Leadership, die harmonisch und zwingend zugleich ist, die nur so und nicht anders lebbar ist. Dann wird Leadership zur Kunst – und das ist mehr als die Kunst des Möglichen. Sie geht darüber hinaus – unspektakulär und in Quanten.

Jede Form von Teamarbeit in Unternehmen, im Sport, in der Politik, in der Kunst (Theater, Oper, Konzert etc.), in Planspielen, beim Militär zeigt dies in vielschichtiger Weise. Teams bestehen oft aus Individualisten, aus verletzten Menschen, aus sich benachteiligt fühlenden Mitarbeitern, aus ehrgeizigen, hungrigen Jungen und erfahrenen, saturierten Alten, aus Männern und Frauen. Die Unterschiedlichkeit zusammenzuführen, ohne den Einzelnen zu brechen, Entscheidungen zu treffen und dabei nicht alle zufriedenzustellen, sondern der Sache zu dienen und dies auch allen in Würde und Respekt zu verkaufen – das sind Herausforderungen, mit denen man als Führender täglich konfrontiert ist.

Es ist ein permanenter Verhandlungsprozess, um gemeinsam ein Ziel zu erreichen – gleich ob in der Kunst, der Politik, im Militär, der Wirtschaft oder im Sport – es geht immer um Menschen, die man in ihrer Vielfalt in die Einheit zu führen hat.

» ***Leadership ist nur als Einheit in Vielfalt möglich.***

Der Blick des Adlers

1. Leadership ist im Machstadium Handwerk
2. Klare Ideen mit Ziel(en), Mitteln und Wegen sind die Grundlage für erfolgreiche Leadership
3. Verstand und Geist formen das Ganze von Leadership
4. Vorbereitung und Kompromisslosigkeit bei Qualität sind Grundprämissen von erfolgreicher Leadership
5. Ohne Eigenverantwortung und Flexibilität keine Leadership

6. Übung, Disziplin und Hingabe sind wesentliche Begleiter auf der Straße zu erfolgreicher Leadership
7. Leader sind Schöpfer und nicht ausschließlich Macher
8. Zuhören, kommunizieren und psychologisches Feingefühl sind unabdingbar
9. Ruhe, Pausen, Stille, Gelassenheit
10. Einheit in Vielfalt

Epilog … und sie bewegt sich doch

Der Banker ist müde geworden. Er blickt auf seine Rolex – es war mittlerweile vier Uhr geworden. Verstohlen unterdrückt er ein leises Gähnen. Er kann nicht sagen, ob er doch wieder ins Büro zurückgehen soll, immerhin war es ja schon früh am Morgen. Leadership als Kunst – sich selbst führen als Voraussetzung, um andere führen zu können. Verbinden, Vertrauen, … all das schwirrt durch seinen Geist.

Die *Andere* lehnt sich ruhig zurück. Es herrscht eine angenehme Stille im Auto. Alles war besprochen worden. Es gibt nichts mehr hinzuzufügen – außer mit der Umsetzung zu beginnen. Die *Andere* atmet leise und macht sich zum Aussteigen bereit.

„Wo kann ich Dich finden – so – hm – für den Notfall und für Nachfragen?“ stößt der Banker leise und gepresst hervor. „Ich muss das alles sickern lassen. Das hat scheinbar so wenig mit mir zu tun – und doch so viel.“

„Nimm Dir die Zeit, die Du brauchst. Und wenn Du mich rufst, bin ich da. Frag nicht, wie es geht – ich bin da.“

Die *Andere* öffnet leise die Autotür und steigt aus dem schicken BMW. Das Garagenlicht flackert durch den Bewegungsmelder wieder auf. Der große Raum ist hell erleuchtet. Der Banker zuckt kurz zusammen, als die Tür zugemacht wird. Er lässt seinen Kopf auf das Lenkrad fallen.

Und er weiß – es sind Entscheidungen zu treffen, wie auch immer sie aussehen werden – sie sind jetzt zu treffen, um letztlich im *Vereinten Wissen* zu landen.

Er lehnt sich zurück und beschließt, heute nicht ins Büro zu gehen, sich frei zu nehmen und nichts zu tun – nur einfach alles sacken lassen und Entscheidungen zu treffen.

Danksagung

Dieses Buch ist das Ergebnis aus einer ganzen Reihe an mich inspirierenden Gelegenheiten, die oft unterschiedlicher nicht sein konnten – ganz nach dem Motto des *Vereinten Wissens.*

Zum einen ist das Buch das Ergebnis einer Fülle an Seminaren und Vorlesungen an diversen Universitäten. Viele Anregungen der Studierenden, die neugierige Suchende und Findende sind, finden sich in den dargelegten Gedanken. Dafür gebührt den Lernenden meiner Vorlesungen mein besonderer Dank.

Zum anderen war ich 2011 und 2012 zu einer Reihe an Vorträgen im deutschsprachigen Raum unterwegs. Ich hatte wundervolle Gastgeber, die mir die Möglichkeit gaben, meine Ideen aus dem Buch „Der *Strategos21.* In Umbruchzeiten erfolgreich führen“ zu präsentieren. In den zahllosen Diskussionen ergaben sich viele Ideen und Anregungen, die sich im vorliegenden Buch wiederfinden.

Ich wurde viele Jahre immer wieder auch durch Gespräche mit Unternehmern, politischen Experten und militärisch Führenden in diversen Streitkräften inspiriert. Ein beträchtlicher Teil der angeführten Beispiele stammt aus diesen bereichernden Begegnungen. Aus mancher Begegnung, die eine Quelle von Wissen, Weisheit und Inspiration gepaart mit viel Vertrauen ist, wurde eine wunderbare Freundschaft. Sie ist derart inspirierend und motivierend, sich auch weiterhin mit dem Leadershipthema zu befassen und noch mehr in die Tiefe zu gehen.

Ferner bin ich seit einigen Jahren in Gesprächen mit Dirigenten, Schauspielern, Regisseuren und besuche, wo immer möglich Opern- und Konzertaufführungen und viele davorliegenden Proben. Musik ist ein untrennbarer Teil meines persönlichen Großen Kraftgewebes – wohl auch weil sie einen nie verrät und nie betrügt, wie Ludwig van Beethoven meinte. Und dieses persönliche Große Kraftgewebe schließt die damit verbundenen Menschen ein. Ich danke allen von ganzem Herzen für die unzähligen Anregungen.

Kein Buch kann ohne Verlag entstehen. Mit dem Verlag Holzhausen verbindet mich mittlerweile eine erfolgreiche Zusammenarbeit, die vor allem Robert Lichtner zu verdanken ist. Er ist ein großer Ermutiger und Ermächtiger und zeigt für Autoren eine bemerkenswerte Geduld.

All jenen, die sich für die Finanzierung der Drucklegung des Buches einsetzten und damit zum Gelingen des Buches beitrugen, sei an dieser Stelle ebenso herzlich gedankt wie jenen, die die Finanzierung dann auch tatsächlich bewerkstelligten.

Verlag Holzhausen 2012

We thank the following fot the generous support

Telekom Deutschland GmbH
www.telekom.de

IMPRESSUM:

Author: Andrea Riemer
Publisher: Verlag Holzhausen GmbH | Holzhausen Publishing Ltd.
Graphic Design: Repromedia
Print: Ferdinand Berger & Söhne GmbH

Produced in Austria
1st edition 2012

ISBN: 978-3-902868-50-3

www.verlagholzhausen.at

Gender-related expressions refer to both genders alike.

Bibliographic information from the Austrian National Library (ÖNB) and the German National Library (DNB). The ÖNB and the DNB report this publication in the national bibliographies, detailed bibliographic data are available on theInternet. For the Austrian Library: http://aleph.onb.ac.at, for the German Library: http://dnb.ddb.de.

QuantumLeadership

Encountering the Other

Andrea Riemer

Encouragement, empowerment and compliments
are the basis
for successful self-leadership and
for leading others successfully.

Some thoughts on the way …

Times of turbulence are obviously heydays of requesting leadership and leaders. Leadership always sounds sexy and future-oriented. Particularly since 2008, requests for leadership have become en vogue. It is easy to ask for leadership – without knowing what a leader of today and tomorrow is all about. Currently, vague ideas and catchwords dominate the discussion. Tossing words into the debate is one thing. Reasoning about adequate leadership and providing even more reasonable recommendations is much more difficult – simply because they become rather quickly outdated.

I have dedicated myself to leadership issues for a couple of years. There are no one-size-fits-all-solutions on the road to become a 'good leader in times of change'. Leadership is closely related to the individual personality of a leader. For that reason, it is a variable and volatile stage that – at the same time – is open for new ideas, for different ways and other perspectives.

The underlying book is not a usual textbook on leadership. Such an approach would not fit into my picture of what leadership is all about. Since I view leadership as an art, the book starts with a narration. Actually, the whole book is a narration. It covers numerous thoughts, ideas, explanations, inspirations and many, many examples of leadership. The variety of examples shows the breadth and the depth of the realm. Additionally, it delineates the diversity of areas, which require profound leadership skills.

The book shall stimulate reading, contemplation and reasoning about leadership. It is intended to be a book to look into, to consult, to put aside and to think over, to reflect about and to implement leadership. It is proposed to be a book that supports the recalibration of leadership skills as a dynamic and on-going process.

May the book serve as a source of inspiration and as an encouragement for all leaders and for those on the road to become leaders. May the book open up new ways off the beaten track – without guarantee of success.

Potsdam, summer 2012 Andrea Riemer

Prolog: where to go – where to search and where to find what? [1]

The banker has finished his working day. It is close to 10:00 P.M. He picks out his key of his new BMW from his fashionable file. He is exhausted and takes a breath. The busy day passes by – a day like many others before. Strangely empty he walks to the elevator, which lifts him to the parking lot in the basement. He is a nameless somewhat; there are countless people like him. Empty-headed he takes the elevator to go home – like thousands – he knows his way. Everything is set on autopilot – nothing particular – precious routine on the highest level.

He leaves the elevator and dives into the shallow light of the parking lot. Ah – there is a dark shadow close to his car. Questions emerge. His pulse rises. Who was able to enter the well-protected parking lot? Who passed the security? Who overcame the codes? Are we safe anywhere? Unusual fear starts to creep and take over. He briefly stops in his routine. Additionally, he starts to freeze – he is very tired. One busy day after the other strings in countless numbers together. Since months, he has not have time to breathe. He has lost the pleasure in doing anything. He is and will remain nameless – one of many anonymous bankers on this very stage – the financial in-crowd.

Hesitantly he approaches his car. His steps become slower and slower – full of fears. The banker notices the silhouette of a person. He cannot see whether it is a man or a woman. Fears

[1] The center of the narration is formed by a male banker and a female Other. Both, men and women are addressed on an equal footing. One could also switch the roles. It shall be an expression of the *Unified Knowledge* suggested in the underlying book. The following text shall be read in this very spirit.

enlarge and become stronger. His steps become even slower. What shall he do now? Shall he turn around? Where could he go? Somehow, he feels alone, lost and under pressure – there is no way out. Only the buzzing light in the parking lot can be heard. His car, a modern, elegant and hip BMW, is standing in front of him. The black varnish mirrors the light.

The thoughts of the nameless and the movements of the *Other* overlay each other.

She starts to move slowly, thereby turning to the banker. Here, they are – meeting each other, apparently.

The banker approaches his car, putting his head down, defensive and fearful. The *Other* closes in on the banker, taking a final step. There is no way out anymore – for both. The *Other* starts to speak with a low voice, asking about the whereabouts and where to go. The banker becomes even more defensive. He feels strange. He shifts his eyes and opens his car with the remote control. There is a quiet click. There is an option to flee – apparently. The *Other* asks the banker whether he has some time for conversation. The banker looks up frightened and surprised. Images run through his head – intuitive, subconscious and uncontrolled. Crazy sequences – he is unable to match and assign them. One motif follows the other – quickly – like flashes. At the same time, there is paralyzing calmness. He can feel his dashing pulse in his ears.

Without knowing what he is doing, he answers a shallow 'yes'. The *Other* enters his car at the front seat – without invitation. She looks around in the car – in awe – and she looks at the banker. The banker has become uncertain, insecure. At the same time, she radiates incredible calmness, sangfroid and aplomb.

The banker resonates. There is no one at home. No one is waiting for him. There have been no relations since months. They failed and he screwed them up. What could happen?

The *Other* starts to recount – out of nothing and out of the blue – low. There are no talks among bankers, except about data,

facts and figures and maybe about golf and the latest short trip to – who knows. About human issues, inner things and moving stories – there is nothing, dead nothing. Everything is dark and empty – even the parking lot shows more light.

Somehow, he attracted the *Other,* because he could feel the need to talk. He has had the need for an in-depth exchange of opinions for weeks – even though he suppressed this very need by juggling with stock charts and hectic hustle, with meaningless champagne parties and long working days. The hype has narcotized him – clear and hauntingly. The *Other* feels the banker and perceives his needs – very naturally. At the beginning, everything the *Other* says sounds mysterious and cryptically – at least for the banker.

The *Other* calmly starts to stretch out her thoughts: we are soul islands. What is she talking about – the banker's inner protest emerges immediately. Soul – what is it? – pure esoteric-jabbering. Data, facts and figures, these things do count. Soul – this is something non-imaginable, it is like cotton.

The *Other* perceives the banker's inner contradiction and his resistance. Yet, she continues her reasoning unwaveringly. She starts to talk with a low but haunting voice on the soul island, which is her point of departure. For one person, it is a real island – an inner Mauritius; for another person, it is a leaf of a blossom of a lotus or a palm leaf. Another one will come up with a flying carpet or a dugout canoe. No matter what flies into your imagination – it fits.

Slowly, the banker's attention starts to rise. He breathes and tries to find out who and what the *Other* is. His pulse calms down. The fog of stock exchanges and the cemetery of figures glow up in his inner landscape.

The *Other* continues. The level of ambition is to float oneself into the individual flow of life – full of trust and filled up with confidence. The banker's inner mind starts to revolt – what is she talking about?! Trust is, when the stock exchanges start to

rally in the morning. Aggression and impatience grow stronger and stronger. The *Other* receives those feelings without responding to them directly. Again – the silence quiets the banker. She continues hauntingly. Everyone's soul has his own speed – everyone is the captain of his track, tempo and rhythm. There is no engine around. You do not need it.

Again, the banker begins to rebel. He starts to lose patience. Shall he kick the *Other* out of his car? The light in the parking lot can hardly be seen perceived anymore. It is an irritating and bizarre moment.

The *Other* unflinchingly continues in an intensive tone, thereby keeping an eye on the banker. In turbulent times, it is indispensable to go consciously into time oases and to exploit their silence and quietness. It is a reflection space, which helps to find out the track of the soul island.

The banker has never ever heard about those strange terms and images – yes – there have been seminars every now and then in his company. However, he never took time, so far; too much data, and too many facts and figures. Silence – overwhelming quietness unfolds. There is a strange feeling emerging in the banker's inside. Curiosity and attention grow simultaneously. He hardly ever experienced such a contradictory situation.

The *Other* continues. If the soul island moves along and within the flow of life, you grow, your soul grows and you proceed. If the soul's development stagnates, you go round in circles.

Going round in circles is a well-known image for the banker – only data, facts, figure, champagne parties, golf tournaments, always the same crowd of people around – at least the same stereotypes – and now this flannel about souls and time oases. The *Other* keeps on her track. She continues about very basic issues.

What does it mean – to know oneself?! You will never fully know who you are. If you linger on this very issue, you will miss the common thing, which forms life as such. Life is a mystery and an adventure – a chain of miracles.

It flashes again – miracle – rallies are a miracle and insider information – but only if it is in my favor.

The *Other* pursues her considerations. Life wants to be lived. It does not want to be made a problem. There is nothing to be solved. It is not important to know every small detail, to know about the past and the possible future ways. It strips you off creativity and spontaneity. You cannot surprise yourself anymore. The past has passed – unchangeably. The future is not there, yet – you may have an imagination – but that is all. This very imagination is probably the biggest obstacle to remain in the very moment, just to be in the present.

The banker's blood runs cold; his inner resistance grows more and more. What is the *Other* talking about? Does she lack knowledge about the importance of stock charts and forecasts? How about growth outlooks?! That is the stuff of life!

The *Other* proceeds her considerations in an unmoved way. Every day is a blank sheet of paper. In addition, only you can design this very page. It works just by your sheer existence. You are here to remember and not to study. Everything works inside – it is only a matter of remembrance. Everything is complete at a certain moment. You have the perfect opportunity to express yourself perfectly.

Well – perfection is the right bonus, which enables me to buy the latest edition of my favorite car – the banker thinks. However, things move on.

You are two parts of one medal. One is your value – and I do not refer to the share value; the other one is your freedom – and I do not mean the freedom to cash big bonuses. I recur to encouragement, to empowerment, meaning your self-esteem and referring to what you deserve.

The banker swallows – he feels choked. The *Other's* words made his hair stand on end. How about fleeing – but on a road to where?

The *Other* has started to ignore the banker's inner deviations. She carries on to reason. It is a permanent process of exchange, which runs in our inner self, a continuous search for resonance. You consciously set borders (who am I and who are the others). This is a very important mark to find one's own identity, to keep it and to develop and, finally, enhance, it. The guiding principle reads – never damage someone. This includes you as well.

Damage is a key-word for the banker; there has been so much damage – intended and unintended.

It works very simply. You have to follow a number of basic rules and integrate them into your life and your existence.

If the bonus will go up – fine – I will have to nice holiday trips and the hot chair by Mies van der Rohe – wonderful.

The banker's inner conversation goes on and on. The *Other* continues reasoning – unimpressed.

The world is what you deem it to be. Finally, reality is fiction because the outside follows our thoughts and our perceptions. Sounds banal, but has enormous consequences. It encompasses every slot of our life. Living up to this principles requires a very firm 'I want this' – without slipping into necessity and leaving the nice possibility aside. It is like ridge walking – and it takes some exercise.

There are no limits, unless you create them. If you confine yourself by applying old sets, patterns, bans and rules, thereby, you automatically affect our personal value. Borders and limits are not the same. Borders support you in finding your identity and in defining your wishes. They make you being aware of yourself. Limits are old patterns, which prevent your progress and enhancement. Many of them exist subconsciously. You even do not know about their existence, yet, they are there and prevent you from living your real life.

Energy follows your attention, meaning you guide your focus on what you want to have – and not on the issue you do

not like to get. Composition is much easier then opposition. Attention is something you radiate.

Moreover, now is the moment of power. There are no yesterdays and no tomorrows – sounds bizarre, but it is like that. There is only the present moment – the very moment between taking two breathes. It lasts no longer than three seconds do. It is like twinkling with an eye. Thinking of yesterday means remembering the past – past feelings and past thoughts fill up yesterday. Thinking of tomorrow is very similar. You undertake something – and you can do it only right now. You can enjoy only the very moment and fill up only this very moment with life.

Additionally, all power is inside-driven, but how can you interfere? Creation is an inner-only process, meaning you take the software. The bootstrap (=your imprint), software (=living your imprints, which can be changed by a software update), the firewall (=a strategic protection system often driven subconsciously) and a virus scan (= a tactical protection system, which can be driven consciously) form your framework of action. Sometimes, a reset of the hard disk is supportive, meaning you do a radical change. However, this is not a daily job. It would overchallenge you – and, actually, it is outpacing life. It is important to stay away from being hectic, from pure action and wishing. It would overturn the soul island. It is a quantum-like change – nothing more has to be done – and you find yourself in the next orbit. It is not the big bang, but the small, very conscious change that will move you into your right direction. You do a quantum change and you will earn huge and wide transformations.

Take into account – effectiveness is the measure of truth. Reading is important, seminars are supportive – but if you never apply your knowledge, you will never know what is going on. Everybody arrives at his own truth. Such kind of truth is an inside-triggered truth. You do a regular virus update, i.e. something external intrudes your inside or something subcon-

scious pops up and affects you in an unfavorable manner. Additionally, you do regular software updates – some of them consciously, some of them subconsciously. You take new mind patters, rules etc. into our life. Such is part of the spiritual enhancement process. You have to try it. The hardware realm is the field of very body and matter-oriented people. But – who buys a new laptop every day?! Meaning – too much is still externalized. The software and the virus update just need pushing a button – simply follow the indicated principles.

The banker is surprised by the modern language used by the *Other.* Somehow, he feels good. He can follow her because the *Other* finds a familiar level of communication.

The *Other* runs into a core issue. You are desperately looking for plain vanilla – without knowing who you are. You complicate your life and suffocate yourself. You create more problems than you will ever be in a position to tackle. You are a warrior without knowing what you are fighting for, let alone how you can reach your level of ambition. You destruct yourself in a blind war. The most natural pleasure to dream challenges and to master them does not have a place anymore. It is over-casted by your daily search for solutions in a complex world.

It is easy to perceive life as a creative process – and then, then life becomes a joyous fight of being conscious of those many ways to exist. A natural relation towards everything you encounter helps you to master every situation.

The banker has calmed down completely. He listens to the words of the *Other* in a devout manner. Ah – something he has not done for a long time.

It is the first time that he dares to ask a question: What do I have to know to live and to lead? Sounds trivial, yet, it is existential.

The *Other* looks up. The answer is simple and impressive. If you encourage, empower and compliment yourself you will

be able to encourage, empower and compliment others. This is the key aspect for leadership! Take care of small things, the quants, and the subconscious. Apprehend the in-between-spaces and in-between-times. It is the seemingly small moment, the tiny step, which counts. It is sustainability; it is about keeping on things, discipline, staying the course and dedication. It is sensitization, passion, enthusiasm, inspiration, joy – and it is certainly not the quick fix.

It is of particular importance to tackle challenges in current times. You face a high level of speeding-up and compression. Space feels like a crunched something. You have to look for a new space-time-feeling. You have to conquer your time-space and your space-time. You need to redefine both. It is about authenticity, about the symbiosis of rational and spiritual knowledge. You are living in an 'as well period', in a phase of synchronicity. It is about unification and about *Unified Knowledge.*

How can I reach this state? Provide me with some examples, the banker says.

The *Other* smiles softly and starts to think it over. Silence unfolds. It has become warm inside the car. The glasses have become fogged up. Everything feels like a cocoon for the banker.

After some moments, the *Other* starts to elaborate. Let me delineate things in a generic manner and highlight my thoughts by providing you with some examples. You will receive concepts, which you have to exercise. By training them with discipline and dedication, you will be able to integrate them into your life and your very existence. If you are able to add some flavor of sensitization, passion, enthusiasm, inspiration and joy there will be no other way than success.

Now it is the time of the individual. Everybody can contribute – much more than you might think. It is about the combination of intuition, technical expertise, options and empathy – and a

little bit of anarchy. It is about living the *Unified Knowledge* without slipping into esoteric waters and without being trapped by gurus.

After some moments of silence, the *Other* continues. You have to apply knowledge with prudence, humility and wisdom. It is always about *Unified Knowledge.* It is always about the unification of rational and spiritual knowledge. Both sides are different, but they are equally important.

It is about connecting the dots. It is about acknowledging the other side. None of them is better or worse. They are simply different. *Unified Knowledge* is the symbiosis of the rational and the spiritual side of the coin. It is about harmony and not about competition and fights.

It is about connection per se and about connecting with people. It is about keeping this very connection sustainable. You have to ask yourself whether you connect at all and if so, what and whom you connect to. Connection requires confidence building and the creation of mutual trust. Then, an organism may emerge. You enter into unity in diversity and into an organic body. Finally, it is about translating facts and emotions on an idea. It is about common breathing and about connection. You may compromise on the environment, but you may never compromise on the content and quality. If you add – again – some sensitization, passion, enthusiasm, inspiration and joy, you reinforce everything up and get the things into going.

Unified Knowledge is about living up to risk taking. It is about transcending one's own border and the borders set up by others. It refers to all levels of our existence. Life is not a laboratory case within a field of clear conditions. It is about risk, about accidents; it requires creativity and overview. In addition, it puts the human being in the center.

On this very road, you may encounter brilliant conquerors and sensitive poets. You will have to be both for yourself and for the others, simply because we are talking about the art of leadership.

Let me provide you with some generic descriptions and different examples. Both will provide you with the foundation. The rest is a matter of application, of trial and error, of sensitization, passion, enthusiasm, inspiration, joy – and a dash of folly.

Stage of leadership: unifying expertise and setting ... *Unified Knowledge* as the new buzzword?

The *Other* leans back, enjoys the calmness and starts to reason, while the banker closes his eyes and simply listens.

The *Other* goes on: expertise is decisive for your professional success. I do assume you are perfectly adjusted and well equipped. You know your profession by heart. I do not have to tell you anything new about it. You are very well on your track.

Apart from your professional expertise, there is something I call the *stage of leadership with its setting.* If you lack knowledge about the setting, you cannot enter the space of *Unified Knowledge.* You lack an important key to authenticity. You even may not be able to be authentic because you live up only one side of the coin. You use only half of your potential. The other side remains untouched. It is a pity, because you lose many vital opportunities. The application of *Unified Knowledge* means to integrate the rational AND the spiritual part of knowledge. It is about your professional expertise, your rational knowledge AND something that exists aside from the accountable part. Many of the spiritual ingredients are conscious and you certainly know those things. Nevertheless, a number of those ingredients run on a subconscious level. For reason, I call them backdrop or setting. Let us have a closer look.

First, there is a *generic level* (I call it the *big power net-work*). Secondly, you find a more *individual level,* which refers to you as a human being. Thirdly, there is the *team level.*

Those levels are entangled; at the same time, you have to keep

them apart to trace developments and occurrences. This might seem a contradiction, but it is not at all the case.

Sounds complicate – yet, it is not, since you live it anyhow. Thus, let us have look at those levels and their interconnections. Additionally, I will provide you with numerous examples. They will make the backdrop of the *stage of leadership* more alive, more digestible and more applicable for you. Furthermore, you will receive a GPS on how to apply those findings.

»» ***Authenticity requires knowledge about the three levels and their entanglements. Only then it will be possible to play on them and to live up to them.***

The big power network: from roots and wings

The *big power network* is a rather complex something, consisting of very different, yet interrelated ingredients of general importance. It comprises

- »basic principles,
- »four levels of perception,
- »polarities,
- »a drama triangle,
- »cycles and rhythms,
- »methods of composition,
- »the dialog between the observer and the observable, and
- »discipline and dedication.

The big *power network* leads to an individual architecture of life. It is one-of-a-kind and non-repeatable. It is not about hermeticism but about symbiosis. This may be the secret of success, if there is any at all. It is about capitalizing on the inner

logic and order. Events and developments follow a harmony, which is compelling, although harmony can never be forced.

Basic principles, or: why basics are required

There are four basic principles that are reflected in all other principles. They form an important part of the big power network.

1. *Everything is regulated by principles without purporting the result.*

   Much can be recognized, yet, not in mathematically exact forms and shapes. Complex, non-linear orders can be described but not accounted in detail on their developments. You know that something will happen; yet, you do not know what exactly will happen and when it will happen. However – it certainly will happen. You will see when I will discuss the principle of attraction/resonance. Moreover, cycles and rhythms are additional examples of the first basic principle.

2. *Big developments are targeted.*

   Everything runs towards an aim (*telos,* Greek for target). Any future becomes a field of possibilities and potentials. Life is a matter of permanent decisions, which in total form life. Usually, turning points are not heralded by trumpets. They emerge seemingly by chance and rather subconscious. This does not mean that they are unintended. Freedom of choice is the key message. The economic crisis has shown the principle in its very general strand since 2008. Greed and hatred are also expressions of this very principle.

3. *All developments are subject to fractality.*

   This means that they are self-similar, even though there is no obvious causality. If something happens once, there is a high probability that it will be repeated. Causality between two events is not necessary. It is a past impulse, which mani-

fests itself without a causal connection at a later point of time in a self-similar manner. It is an expression of the flow between the parentheses of 'yesterday – today – tomorrow'. Furthermore, eighty per cent of our creations are done subconsciously. If you know this very fact, you open up a huge potential for creation – by the way.

In the case of the current economic crisis, you clearly see the meta-macro-micro-identity, meaning that large developments affect the individual level – whether one likes it or not. The question ist what you make out of it.

The *Arabellion* provides another example. A single person finally triggered a whole revolution (though the single person did not cause it!) that spread all over the region of Northern Africa and the Middle East. The end of the societal cataclysm is still open.

4. *Paradoxes enlarge the integrated consciousness.*

Only contradiction enhances life. Clearness in the sense of providing an explicit and a doubtless result is a matter of your mental consciousness. Paradoxes might be strange, yet they enrich life. Making everything and everybody equal would lead to stagnation and, finally, to death. Thesis and anti-thesis lead to synthesis. Contradiction unfolds a high potential of creativity and progress.

Look at enterprises, their strategy and the subpart of this strategy. There are numerous trades-offs – that could be seen as showstopper or as potential to fuse creativity in and lead to progress.

Paradoxes are applied in psychology as well. The paradoxical intervention (one does exactly the opposite of the thing expected) may lead to détente and relaxation of a situation full of conflict.

Offering an armistice to the parties of a conflict may also be an expression of this very principle.

»

Basic principles can be observed. Sometimes, one has to separate them from the observable. Sometimes, they float into each other, because separation is a matter related to the human brain. Separation is required because one could not do the observation at all.

4 levels of perception: 4 perspectives – one picture

Levels of perception serve as a basis for strategic change; they are a spiritual framework that considerably affects leadership. The point of departure is located inside the individual and inside a leader. It is a matter of inner attitude, of mind-set, of perception and contextuality – it is all the same. The most important issue is – it must come from inside. Then it will be reflected and materialized on the outside level. The leader has to integrate this finding in his framework.

The four levels of perception are similar to a *Matroyshka* doll. The core of the doll is formed by the physical level, our physical existence; it is surrounded by the mental level, the level of mind, by thoughts and beliefs; then the emotional level (soul level) and the spiritual level (energy level) follow suit.

Challenges on one level can only be solved on the higher level. None of the levels is superior to the others. There is simply no competition between them. It is a matter of understanding the core of each level and dealing with it properly.

The levels are interwoven and based on each other. It does not make sense to judge and stay as high as possible. Challenges on a certain level can only be solved by jumping one notch up. Let us go into details.

MATTER – BODY, OR: OUTSIDE EXPRESSION

The inner core is formed by matter and by the body. Ninety-nine per cent is made out of matter. One per cent is formed by energy. It is the level of fighting, of confronting with challenges.

It is reflected by the strategic concept, the paper it is written on and by the implementation.

An independent judgment would lead to the conclusion that this very level is a negative one. This would be counterproductive. You would have contingency strategies, which you put into the drawer. They are brilliant, yet not applicable. I refer to the level of practicability, to make things and ideas understandable. In a crisis, this level is very much needed. Emergency requests the level of matter. Automatism is a guarantee to survive the immediate moment, at least until you are able to switch to the next level.

Every musician has to study the basics such as scores, notes, the gamut, keys and signs of expression. He has to study music history to get into the context of a piece. Sometimes, he even has to study an additional notation, such as in the case of kettle drumming.

A carpenter knows about types of material, about assembling wood pieces and the use of them. He has to have basic knowledge about mathematics and geometry.

A banker has to have basic knowledge about mathematics and economics. He has to know how to do accounting and balance sheets. In addition, he has to be able to interpret them. Then he will be able to assess an enterprise and its future – without speculation.

Scientists have to have handcraft knowledge in terms of theories and methods. It is not about learning them by heart but it is about application and about offering options.

On this level, you are a hands-on person. You apply your instruments, your tools in a very hands-on manner. You fix the basement and you lay the foundation.

»

Body and matter secure the basics and the existence.

MIND – THOUGHTS, OR:
IMAGINATION AND EMOTIONAL PERCEPTION

Reason, mind and emotional perception represent the second level. It is the level of analysis and of deconstruction. It is the level of opportunities and problems. Your mind interprets reality; thoughts affect your experience; things are not necessarily the way they seem on the level of matter.

A crisis may be an opportunity. The creative aspect flows in for the first time. Persuasion, imagination, curiosity, sensitivity and emotions are fed in and increase creativity. It is the written concept, which forms the framework for a strategic vision. You ask yourself, how does a strategy work in a certain environment and why does it not work in another one? Moreover, you start to adjust the strategy to make it more compliant.

I mentioned several times that strategies become part of the environment and vice versa. Mind is a very strong power in influencing, shoving and shaping reality. Much has been left on the road so far. Sometimes, you linger around and wonder why so much does not work. If mind is left out of the orchestra of instruments, a very important part is missing.

It is the written concept that encompasses visions; it is based on convictions on a certain topic, on interests and emotions. Imagination is a fine-tuned grid to create reality. If it is interwoven with the level of matter, it becomes enormously powerful.

Every entrepreneurial outline starts with an idea; a pure thought that needs articulation and concretization. Without this kicking-off thought, nothing would go ahead. Sometimes, you are very innovative; sometimes, you wrap old ideas into a new framing. Putting the necessary emotion into the game – vibration starts and things begin to move. Concretization implies a thought and an emotion. If you cannot imagine something – how should it enter reality? It is virtually impossible without an inner picture.

In the 1970s, ski jumpers were among the frontrunners in the field of mental work. The result has been a huge number of Olympic and world champions. They were imagining the jump before they actually did it. Today, it is common use among sports persons to imagine and to work mentally. Managers do the same.

On this level, you are a thinker. You are a provider of ideas, concepts and frameworks.

» ***After analysis, thoughts and imagination lead to materialization.***

SOUL – BREADTH – DEPTH, OR:
TRANSLATING THOUGHTS BY APPLYING SENSITIZATION

The third level refers to the soul, to backdrops and depth. The soul is the area of myths, of pictures, of poetry and music. Mind is a showstopper on this very level. Your experiences are part of your story as a hero. This is the level of change, of growth, of development, of progress. It is the level of the burning heart, the unbeatable desire to change and to design. On this very level, real change and reframing takes place. It is the level of re-writing your personal history, of putting it into a new context.

Strategy on the soul's level is more than a vision and a piece of paper. It is the new reality as such. It is guided by the heart's desire. It is the level of science and art. The strategist becomes a conductor and the conductor becomes a strategist. This is the level of maestros such as Welser-Möst, Barenboim, Karajan, Furtwängler, de Billy or Gatti, Luisi and Simone Young. On this level, you meet the genius of Mozart, Beethoven, Haydn, Verdi, Schubert, Schumann, Wagner, Strauss, Schreker, Hartmann, Nono and Rihm – and you meet Olga Neuwirth. Here, you encounter Einstein, Newton, Hawking, da Vinci, Michelangelo or Botticelli and – maybe – you meet Maria Lassnig.

It is the level of genius consultants and visionary people, such as Steve Jobs or Richard Branson (the founder of Virgin and the one who opens up space for private use); it is the world of Steve Fossett (who tried to circuit the world in a balloon). For sure, you will meet Gerlinde Kaltenbrunner and Wanda Rutkiewicz-Błaszkiewicz (two outstanding extreme climbers).

It is the world of countless big and small inventors, such as Edison; it is the world of carmakers, such as Porsche, who created an engine and a car. Sometimes those things happen in a small garage. They very often occur without being observed from outside.

It is the level of quantum physicists such as Planck, Einstein, Boor and Hawking, who revolutionized the perception of what the universe is all about. Moreover, it is the world of brave women such as Marie Curie and Lise Meitner.

It is the universe of Anton Zeilinger who is one of the leading experts in quantum information, quantum communication, quantum optomechanics and quantum cryptography. He is renowned for realizing quantum teleportation ('beaming') with photons.

Moreover, it is the world of Peter Higgs and his colleges from CERN in Geneva who found and proved the existence of the Higgs boson in summer 2012.

It is the world of intellectual adventurers on their spiritual odyssey. It is the level of sensitization, passion, enthusiasm, inspiration, joy – a level of full flow; things slip into existence, because the pure brain is put to rest – without losing intellectuality.

On this level, you are a strategic poet, who combines scientific and artistic expertise. You re-write your personal history by recontextualising it and by applying your portfolio of tools. The story remains the same, yet it is put into a new frame and it is viewed from different perspectives.

> ***On the soul's level poetry of life takes place – as an intellectual and artistic enhancement of seeming borders, which are set in matter and mind.***

SPIRIT – ENERGY, OR:
PASSION LEADS TO THE DESIRED RESULT

Spirit symbolizes the fourth level. It is the level of wisdom, awareness and mindfulness. It is the eagle's perspective. Ninety nine per cent of reality is consciousness and only one per cent is matter. It is the level of energy, of being at one. It is the feeling of 'I am written', 'I am led'. The more challenging a strategy is the better one works on this very level. It is very energy saving and very efficient. The leader recognizes the hidden patterns, the synchronicity in reality.

Such level can be found in extreme situations in strategizing, e.g. during an existential crisis. The leader is led, consciously, openly, because doing it alone he would fail. One finds it when achieving a much longed-for target, e.g. when reaching the top of a mountain. It is a blend of relief, of deep joy of having arrived.

Children until the age of three mainly live on this very level. When they play, they are in a flow – their phantasy is without limits. They consider their imagined world as real. After the age of three, human beings loose this ability, but can recapture it by training.

Composers such as Beethoven, Mozart or Schubert composed their pieces on this very level. They incorporate a message that is universal and targeted at humanity.

Musicians experience such feelings sometime during performances. They melt into the piece without dissolving themselves. They are over-present in a way that cannot be explained by words. Actors experience similar moments.

In Strategic Gamings, one may find that very level when excellent teams work together. They look into each other's eyes and

know what to do. Usually, one can hope for such an experience but cannot deliberately produce it.

On this level, you are a political shaman, who lives knowledge in the highest possible responsibility. It is the level of comprehensive trust into something above, something that cannot be put into words.

» ***Spirit gives you wings based on adequate roots.***

Polarities: the pendulum is always on the move

Polarities and judgments are important points of departure in getting out of the natural vacuum and arriving at a level of tension. This is the birth of development. Life often is a matter of balance. Positive and negative feelings, complementary pictures in our personality system, sicknesses, old patterns etc. are expressions of polarities and judgments. The root is laid in the fact that the inside matches the outside, that up matches down. It is the movement of a pendulum, which best describes the principle. Both sides form the whole.

Polarity is the basis to leave the vacuum. At the same time, it is the source to keep the entity together. Polarities are the condition to exist as such. They are the precondition for perception as such.

The overall order tends towards harmony. Completeness requires the counterpart as the completion of a story, of growth and experience. The one cannot exist without the other. Harmony and stability would not be possible. Without antagonism, you would never find out what you really want to achieve. No life would be possible since nothing can exist in a vacuum. The apparently antagonistic forces are an expression of life.

Polarity as such is not negative. You perceive it negatively, because you distinguish and judge, and, yet – it is necessary to do so. It is an expression of consciousness, judgment, choice

and self-responsibility. The most important issue is to be conscious of polar options and to find a way that transcends an ineffective compromise without substance.

Reality is full of pendulum moments and of contextualization.

Light can only be experienced by darkness. Warmness can only be experienced by cold. Reality offers ample examples such as cold-hot; day-night; light-dark; male-female; active-passive; causal-analogous; rules-exemptions; differentiation-holism etc.

Other examples of pendulum moments are contradictions and tradeoffs in entrepreneurial outlines. They are the basis for creativity and for enhancement. Another example is medication that comprises healing effects and side effects.

Polarities are the result of a pendulum movement that tries to harmonize the order. Harmony requires the counter-pole as part of the experience.

Drama triangle: about dramas and tragedies

Until you arrive at your true core, you are trapped in numerous roles. Sometimes, you choose them deliberately; in many cases, you do it unconsciously. None of the roles is good or bad. It is again a matter of consciousness, of judgment and of wisdom. They guide you in assuming a role and breathing new life into it.

Let me start with the role of the *victim*. The victim says ‚Everybody....‘. In addition, you forget that there is always at least one person who is responsible, certainly not the victim. He lives in a comfortable position. He just has to be passive.

One slips in the role of the *culprit* to move on. Being a culprit means to be aggressive and noisy; the culprit comes loose and whips around wildly. A sweeping swipe seems the best solution at the very moment, including blaming as many as possible, hurting as many as possible and destroying as much as

possible. At least, one is active – sometimes too active. Then, one raises the head and finds out that there is huge destruction. What shall you do now?

Well, there is the elegant and magnetic role of the *saver.* It was not meant like this. How can you catch up the situation? What has to be done? Action all over. There is ample experience in saving a situation. Distinguishing oneself as the saver provides power for the next drama – at least if one likes to remain in the triangle.

This is a never-ending drama triangle. Human communication as a key part of strategy provides an excellent example. You can live indefinitely in those roles. Role sharing can easily be observed in many communications. If you stick to those three roles and swing between them, you will develop into the breadth; you will never achieve depth. Moreover, you trash a huge bunch of energy and spin around.

Being a culprit, in the sense that the role is lived in a developed manner, is nothing bad, if applied in the right moment. Many enterprises would not have survived, if there was not someone inspired and consciously acting as culprit/saver with a high level of expertise. There were no turnarounds, no catch-ups and reconstructions after catastrophes, no doctors without borders, no first responders, no helping hands, no military forces, and no police forces. Think of the situation immediately after natural disasters, a period without governmental structures (e.g. Haiti and Chile in early 2010; New Zealand in late 2010 and early 2011; Japan in early 2011), a period where many need immediate help.

The current economic crisis provides another excellent example. Banks and rating agencies were the bad ones, the culprits. However, this is only half of the story. The greed of the speculators was another driving factor. When the situation became too hot, the state had to enter the stage. The taxpayer became the savior. When everything blew up, the European Union together with the International Monetary Fund had to

pitch in and bail out – again a saving action. One could keep on jumping in this triangle until the end of the days.

Personal life provides numerous examples of the drama triangle. Children very often subconsciously play the story very well to get what they want.

» ***The drama triangle is one of the key consumers of energy if lived up to subconsciously.***

Cycles and development: rhythmize your life

Energy and vibration are not unshaped 'somethings', but they pulse and vibrate in different speeds; they stream horizontally and vertically in an eternal flux. Cycles and rhythms are repeated again and again. It is a permanent stretching and compressing within the *virtual matrix.* The natural breathing rhythm, the change of the seasons and the interplay of success and failure are examples of different, well-known rhythms.

Life is a string of cycles and rhythms. Sometimes, you tend to forget it. Strategizing is unthinkable without taking rhythms and cycles into account. If the leader is familiar with cycles, planning becomes much easier because one can await and experience the right moment. This fact is not only restricted to the battle rhythm, but to all cycles and rhythms.

Finally, you are emerging from nothingness and are de-parting into nothingness. The phase between those two points of nothingness is our life. In the light of eternity, this phase is nothing more than a point. Yet, it is a very important point for the individual and the collective. This process of emerging and departing is also an expression of rhythms and cycles. You are like butterflies, which grow out of an eruca. For one moment, the eruca thinks, its life is over; in the very next moment, it becomes a butterfly. Sometimes, this is a complicated and painful process because you lack knowledge on the one or the other

principle. Developed creation is shown in the fact that things that belong together come and stay together. No necessities, manipulations and forces are required. Puzzle pieces are connected by a magic hand, because vibration and attraction match them. Clarity and decidedness in intention lead to resonance and, finally, to the desired result. It does not mean to twiddle one's thumbs. Consciousness and conception guide you through the way to be taken. Every little step is a piece on the road to success. Every little step requires gratefulness and appreciation. No step shall be skipped.

The two most natural cycles are the phases of life and the seasons. Moreover, there are rhythms of seven years and nine months. The body takes seven years to renew itself. Human pregnancy usually takes nine months. Days, weeks, months and years are parts of an interwoven rhythm. Economic cycles show the lifeline starting off with creation, first growth, birth, next growth, maturity and death. The beat of your heart and your brain are two rhythms often completely neglected. Every product has something we call a life cycle. Think e.g. of the simple cell phone, which became a multifunctional means of communication. Then, there is something that is called the *long count.* Such cycles cover some hundred years (e.g. the renaissance cycle, which stretched over 500 years and opened up new perspectives in painting and new ways in economy). Crises cycles are another interesting phenomenon. When an order starts to be broken-in, a huge power for regeneration may emerge. If a crisis coincides with dynamics, complexity, acceleration and compression a total breakdown of the old order may emerge. Usually, the end is the beginning for something new. The breakup of the former Soviet Union and of the Cold War order after 1989 may serve as a self-explaining example.

Cycles and rhythms are an expression of life and death.

Compose instead of oppose: another secret that is no secret at all?

Nothing is stronger than resistance. Avoidance often leads issues to pop up in the most unexpected and unwanted moment. Diseases, pandemics and national insolvencies are leading examples. The repetition of choking something down is one of the strongest principles in composing realities. The reason behind is that energy follows attention. The fear of an opponent certainly will bring out the feared result. A domino effect, which often develops its own dynamics and complexity in an unre-lenting manner, finally leads into a big bang.

The return of the segregated is one of the fastest working composition principles. For reason, it is much more useful and satisfying to compose something instead of opposing it. The principle of the return of the segregated helps us to look at the dark sides of our existences. You can oppress, but the oppressed usually pops up in the most inopportune moment. The more resistance you invest, the more often you will encounter the resisted issue in your reality. Life offers an opportunity to deal with aspects you do not appreciate. Life is very patient. It offers many opportunities to deal with the oppressed issue – until you finally and hopefully integrate it. Such unwanted aspects cannot be deleted from your hard disc by ignorance. Ignorance is another form of fusing energy into undesired aspects. It leads again to the principle of 'energy follows attention', no matter whether attention is suppressed or integrated. The solution lies in the invitation to deal with an issue, no matter how hard it is. It is a wake-up call to look at a pattern, to name it, to accept it and, finally, to simply integrate it. It takes an attentive and open consciousness. Being bendable like bamboo is a metaphor explaining the requirement. Bendability presupposes the transcendence of one's own point of view; then one has to assume a standpoint, which embraces the whole. Finally, it leads to change.

Conflicts within families and in organizations exemplify the principle very well. The more someone is disliked, the more

problematically the person is perceived – although he might not do anything different compared to last time. Emotions and strong inner resistance drive the situation and fire it up.

Diseases, such as a cold or a simple headache, which destroy concentration during work, perform the same pattern. They pop up in the most inconvenient moment.

The attraction of the similar or even the same type of person falls in the same line. It is like magnetism – not again, you may think. It is an endless line of repetitions – until you consciously step out of the circle.

» ***If you want to get out of the groundhog dilemma, you have to compose courageously.***

The dialog between the observer and the observed: nothing is real, at least not what you think about reality

One of the key findings in Quantum Theory refers to the roles of matter, energy and vibration. According to Quantum Theory, the observer influences the observable and vice versa. Vibration is the foundation for matter and energy. Everything is connected (or entangled, as labeled by Quantum Theory), whetheryou want it or not, whether you are conscious of this fact or not.The assumption of disjointedness is one of the fatal errors in many analyses. The observer is part of the symphony – with all his experiences and expectations. He determines what he perceives where and when. Everything is entangled in unity – whether you want it or not, whether you know it o not.

When you have command over the principle, you can easily move into an advantageous position, because you can play on your environment. Decoupling from it is not possible anyway. Moreover, you have to accept an insecurity gap because you do not have one hundred per cent of the information. The gap

is a creative potential; it is an expression for the famous 'evening'. Fear is not appropriate, but courageously taking the right lane is the motto of the game. It is a matter of recognizing the relevant and important information and adapting to them it if required.

Additionally, nothing is real in the common understanding. There are numerous parallel universes and worlds. If there were only two planets in the universe, their trajectories would be stable. If a third one entered the game, its impact – no matter how small – on the trajectories of the two loners might become crucial. Long-term forecasts cannot be done on a reliable basis anymore. It means that any order implies chaos in its inner core. This island of chaos sometimes destabilizes every order. At the same time, each chaos incorporates islands of order, which bring chaos back into a new order.

The leader is aware that he alone affects his being and the overall being. He can play with it consciously. This phenomenon is well known from policy creates policy. One party comes up with a policy. The other party follows suit, thereby considering the offered policy and integrating it into the response policy.

Arms races and disarmament processes are living examples.

Regularly adapted strategies for Iraq and Afghanistan show the principle.

Finance markets also react according to the inseparable unity. One product is forbidden, a substitute emerges, thereby exploiting current regulations.

The dialog between observer and the observed offers a high potential for creativity. It virtually forces new roads in case the old ones do not work anymore.

Take another case: any summit by heads of the state influenced stock exchanges; the same is valid for high-ranking elections (think of the super-Sunday in early May 2012).

Chess offers another area to observe the connection between observer and observable. Mirror imaging is a way of performing by copying the opponent.

The observer and the observable form an inseparable unit. They are like mirrors.

Discipline, passion and dedication: a hard day's work – sometimes even through the night

One of the key ingredients for success is regular exercising. Practicing has a lot to do with discipline, passion and dedication. It refers to an unconditional devotion to an issue. Multitasking is one of the most absurd requests. Recognizing the detail and keeping the overview at the same time has nothing to do with multitasking. The same applies to the request of ubiquity. You cannot know everything and certainly, it is not required to do so. If one requests ubiquity, the result will be exchangeable mediocrity.

Exercising the gamut and triads without reflection is virtually useless. It is useless to buy bunches of books on strategy and principles of life. It is pointless when they are read flippantly. It is absurd to do guru shopping by tramping from one seminar to the next – until the moment you hear what you like to hear – usually without reflection. In parallel, you complain about the high costs. Let me state the following: Things have to be applied and not only studied.

Discipline and freedom are only seemingly illusive contradictions. It is a paradox, yet, you know that freedom is a natural birthright, but you have to work for it. Discipline means to do a little more than requested, it means to go deeper, to fight something out, to stick to an idea, to remain curious. Discipline stands for setting priorities, collecting energy and thoughts, staying in the moment – here and now. Then, one can switch with dedication from action into pure existence.

The assumption that everything is complete and not perfect fits into these considerations. Perfection and completeness are not the same, yet they are similar. It may sound paradox. A closer look tells you the difference. Perfection is still stand, whereas completeness relates only to the present. Completeness is the way to the target of becoming a whole. It is a lifetime project.

Any top athlete knows that constant training is the precondition for sustainable success. The same may be true for musicians and artists in general. Exercising also means to stick to something, to stay focused on a target, to get up again after a defeat, to draw the right conclusions and to go on. Scientists will also subscribe to it. Falling five times and getting up the one time more than the rest is an essential part of success. It means to shield off the external noise, of get away from people who doubt and to believe persistently into one's way – without losing the reflection pool out of sight.

Sometimes, only the simple basics, the individual fundament count. You have to study these basics with dedication, discipline and passion – no matter how simple it may seem.

Discipline, passion and dedication are key ingredients for leadership success.

The *big power network* reviewed

The following lines will provide you with a brief review on the essentials of the big power network. It comprises

»basic principles,

»four levels of perception,

»polarities,

»drama triangle,

»cycles and rhythms,

»methods of composition,

»the dialog between the observer and the observable, and

»discipline and dedication.

Another step along the life line: additional perspectives and something maybe new

Now let us enter the individual level. Many things will be well known to you. Some things may be new for you. I will build upon the *basic principles* and the *big power network.* Additionally, I will feed in some aspects you will need for leadership. It is not apodictic, but based on observation and experience. My reasoning and findings may help you to lead yourself and to lead others easier. Certainly, you know that those observations are entangled.

1. The world is what you make out of it
2. Natural borders and self-constructed limitations
3. We all are entangled
4. Energy follows attention – attention follows energy
5. Now is the moment of power
6. You are the point of departure
7. Power comes from the inside
8. Truth is grounded on effectiveness

The world is what you make out of it: it is in your hands and in no one else's

The principle of attraction or resonance is the oldest principle. It is based on the assumption that everything is energy; for reason, everything is on permanent move. Inside/outside, above/down etc. are magnetically entangled and form a *virtual matrix.* Perception and direct experience are closely connected to the attitude towards a task. Reality becomes one of many possible dreams. Any order is deliberate. Thus, any order can

be changed in terms of attitude and perception and, finally, on the manifest level (how it presents itself to you).

I mentioned the *virtual matrix,* which I consider an invisible, yet palpable power network. It swings on different levels of frequency. Reality means creating a space of experience; for that reason, creation is resonance. Adding the feeling leads to an intensification of energy and brings us into resonant wave patterns. Emotion enables you to fine-tune this very diaphanous energy network and its vibrations.

Sometimes, there is a time gap between question and answer within this pattern of resonance – however, each question triggers an answer, no matter how long the resonance wave takes to arrive at the point of departure.

For that reason, attentiveness is an essential factor, because responsibility bears fruit. One can try to get around something for a certain period. Finally, it is one's own crop. Attentiveness and consciousness are leading lines.

A spider web viewed in the rays of the sun is a very visible example of the *virtual matrix.* It is a fine-woven cobweb, hardly visible but yet existing.

If a person enters a room, he radiates and creates vibrations. One feels joy, excitement, limitless admiration – or fear, disjointedness; one just wants to leave the room immediately, because one is disgusted. Whatever perception may emerge – it is always caused by radiation and by vibrations. Both are expressions of the *virtual matrix.*

Something similar may happen when you encounter a person or a location for the first time. There may be full agreement or full disagreement – without words and big explanations. It is the very first three seconds that usually pave the way. There is hardly ever a second chance – at least not on the subconscious level. An imprint coins any future encounter. Usually, you cannot explain it rationally. In the case of locations, you feel comfortable, you feel at home – without big rational explanations.

> ***If the world is what you make out of it you can change it at time according to our imagination – just be altering our attitude.***

Natural borders and self-constructed limitations: framing life and building obstacles

Borders and limits are one of the biggest inner tricksters.

Consciously drawn borders are of highest relevance for self-identification. They are the key to identify oneself and the other. Distinction is a pre-condition for existence as such. Usually, borders are set intuitively to prevent an unintended merging-in. They are required to get a permanent and conscious definition of the ego. It has nothing to do with narcissism or hyper-egoism. However, is a core condition for surviving. It is about finding one's place within the family, within social groups, within networks of friends, within professional teams and within the society as such. This is the intentional part, which is indispensable to mark oneself and the others.

The less conscious and therefore less intended part is formed by limits. Limits, understood as old patterns, consciously and subconsciously adopted beliefs, inheriting idols and family patterns represent a huge challenge. Loaded with external patterns and beliefs, no healthy ego may emerge. It is shining only in a dim way. Obstacles surround it. Those are typical limits, which confine further development and enhancement.

Sometimes, it is easy to trace them and simply transform them. Sometimes, you are challenged up to our ends. You are confronted with huge pressure to step out of the limitation network. It is particularly the case when externals tell us how comfortable and securing those limitations are. Recognizing and naming those limits is a key step towards oneself. It is not a matter of spectacular steps and measurements. Usually, it is enough to take a close look at those limits and to get a lot of courage. Additionally, the intent of change is supportive to reach one's own truth.

Translating limits in the sense of letting them go may be attached to some time and effort – particularly in case one has to step out of the comfort zone. Then the seemingly impossible, out of a sudden, becomes possible – simply, because you considered it possible.

Subconscious patterns are often found within the drama triangle. Inherited patterns are also one of those big obstacles. Belief systems from social groups such as friends and professional teams additionally overlay our inner self. From wherever these pattern and belief system may come – you can step out of them.

» ***Consciously drawn borders are of highest relevance for self-identification. The less conscious and therefore less intended part is formed by limits.***

We all are entangled: the invisible cobweb

Comprehensive entanglement is one of the most basic and most exciting assumptions. The universal connection between everything and everyone refers to the soul level of perception. Findings in Quantum Theory serve as a proof for comprehensive entanglement. It is based upon mutuality on the conscious and subconscious level – whether you like it or not.

Thinking about oneself resonates to others and vice versa. It is an invisible network, which connects us. It is a matrix. It refers to vibrations, feelings, emotions and energy.

You have experienced it on and on. One can particularly observe it in groups. Frequently, it is impossible to say who takes over a certain part in the network. There is an expressed and tacit connection existing.

Fears, doubts, inferiority – they are the tacitly crying language and they affect others. The same is valid for motivation, attention, appreciation and love.

At the same time, there are huge potentials when attentiveness is performed. It is this apparent accident of encounters with human beings, with locations and with things – simply because these events are to happen right now.

It is recognizing each other by looking in the eyes. One 'knows' that this and that has to happen right now – whatever 'this and that' will be.

Entanglement happens sometimes unknowingly and subconsciously. Causes at a certain location lead to effects in a different place. Look for instance at cell phones and laptops. Both devices need Coltan, which is produced in Congo within a very questionable environment. Yet, conditions are very 'cost-saving'. Child labor, exploitation of natural resources and wide-spread destruction are the consequences. A little more consciousness would be supportive.

» ***Comprehensive entanglement is one of the most basic and most exciting assumptions. It is one of the biggest intellectual challenges since it takes place on the soul's level.***

Energy follows attention – attention follows energy: keeping the focus and more …

Energy is the basis of our being. For that reason, the focus determines our results and, finally, our reality. If mistakes are expected, they will happen. If success is expected, it will follow suit.

Attention influences our thoughts, expressions, language, and tone of our voice, blood pressure, body temperature, gestures and mimics. They form subtle, verbal and non-verbal signals. Moreover, those signals are unknowingly emitted in a conversation.

A huge part of human conversation runs via thoughts and words. For that reason, both ways of expression are of impor-

tance. Thoughts create realities. Therefore, regular clean-ups of our thoughts and much discipline when thinking are important.

Usually, you drag a situation according to our framework conditions into our life. The story matches with your framework. It takes you to delve into the backdrop and trace the pattern behind a situation. It is the basis for change and transformation. This is the point of departure to step out of a biographical situation. Then, no repetition is not required anymore.

Attraction will stop in the very moment, when you decide to let patterns peacefully go. In addition, this is a very challenging process.

One drags partners, jobs, diseases and experiences in one's life – because of the appropriate thoughts and feelings. They are usually an expression of patterns and beliefs. Since the subconscious does not know negations, it delivers promptly and just in time.

If you say so – it is like this. Whatever it is – be aware what you wish for – it will become true.

Now is the moment of power: breathing and relativity

It may sound paradoxical – but there is only NOW. The perception of time is relative. The clock is a fiction, a convention; it tightens, restricts and finally, it is an instrument of power. Time is the misunderstood category of space. Relativity of time leads to subjectivity of time and synchronicity. In fact, one cannot fix time and one cannot stop it. You are part of the arrow of time. It changes the moment, the present (i.e. the time between taking two breaths). When you recognize the present, it is already past and you drag the future into the present. This sounds confusing; yet, it is normalcy, even though it is barely recognized. You feel a frequency, some resonance, hardly to be put into words – it sounds rather peculiar.

For the moment, it is enough to accept that time is frequency; it is felt, perceived energy. The higher the rhythm of frequency, the more you lack structures and security nets in all parts of our life. However, you know that the only security is to abandon security. Security is a construct, which exists in our minds, but not in reality. It was never there, it is not there, and it will never be there – except on our minds.

Creation is a matter of vibration. It refers to something that already exists. By putting oneself into resonance, a dragging moment emerges almost automatically. It is not a completely new creation but you drag something already existing into our life. It is a matter of energy adjustment. It happens right now – without past and future.

Children are in their own universe, colorful and real – at least in their understanding. They do not think what will be tomorrow. Moreover, they forget what was yesterday.

Sports persons who do top performances would never fall out of the very moment. It is simply impossible. Then, and only then they are able to touch the sky and reach for the stars.

Musicians, who are deep in the music without being drowned by it, are present and focused on the score and what they make out of it. They dedicate themselves to the very moment, to the very bar.

Authors know the feeling of 'being written'. It is acting within being. Ratio and intuition interact in a completely harmonious way. The fingers flip over the laptop and afterwards hardly something needs correction.

Lecturers, who speak without a manuscript, often feel tacitly led. They are deeply rooted, thereby getting mental wings. In addition, those wings carry the audience away.

Doing outlines with joy and passion, structure and content emerge without big 'brain gymnastics'. They pop up; they are simply there. Again, that what pops up requires a solid intellectual foundation.Then and only then wings will grow and lead in the 'now-moment'.

It is the moment between two breaths that is to be designed and filled up with life.

You are the point of departure: there is no other point of departure

Knowing about oneself and recognizing oneself forms the basis for self-encouragement, self-empowerment and self-compliment. It may sound strange since it could be interpreted as egoism. It is certainly not the case. It is the often-demanded self-acceptance and self-love. It is about accepting one's bright and dark sides. It is about wholeness, diversity, and wrapping oneself in this very comprehensive blanket. It is the very point of departure for enhancement.

Everything is done inside oneself. You often do know much more than you think. You just lack trust. You externalize, become *guru shoppers,* mental mavericks and keep on searching for the so-called truth – without knowing what you are searching. The ego takes the upper hand and masquerades knowledge from books as panacea. It is that simple: self-confidence emerges out of experience. You just have to trust your experience. Begin and end of our journey, wherever you take on to, is embedded in yourself. Experiences and expectations often are huge stumbling blocks. They coin us; they color your glasses and they form your reality. Much is blown up and used in an inflationary manner. You have become very inventive in framing simple terms such as our everyday life by using notions like lifestyle. Philosophy of life covers our attitude to our simple way of dealing with life. If a term is over-used, a new one is coined. Extra, mega, ultra and giga are prefixes, which indicate meaning. It is interesting how much you blow up.

There is only one thing required: reflectiveness. The outside is a brilliant mirror. If there is a healthy self-esteem in place, resonance will follow automatically. Basic satisfaction and gratefulness, for whatever supportive preconditions, exist. Fear

and doubt have no place. The good things inside oneself and in the other one are appreciated.

An excessively self-critical attitude and non-acceptance of mistakes lead you away from yourself and from the others. You need a wholehearted acceptance of what is good. Additionally, you have to do everything to make you and the other shining. It has nothing to do with narcissism and exaggerated egoism, but it is the healthy ground to become an independent being. Then, self-responsibility will be feasible. Then, your very way will be paved by itself.

Beaming the focus on yourself makes life much easier than giving attention mainly to others.

Undecided situations often invite ego-games. The one who does the first step is often considered to be weak. It is a completely wrong assessment. You are the courageous one, the one who is not shying away, and the brave one who takes over responsibility in making the beginning and in paving the way for a solution.

Self-recognition is the only way to encourage, to empower and to compliment. It is the one and only beginning.

Power comes from the inside: outside does not matter at the very first moment

The very point of departure comes from the inside. It may sound non-spectacular, but it is like that. It is about an inner attitude. If you expect success, you will get success – simply due to resonance, which is strengthened by experience and expectance. Additionally, old expectations have to be re-contextualized on and on. They get a new content by re-shaping and re-shoving one's inner attitude.

Everybody has an individual pace. Resonance presupposes wisdom and integrity. A clear and true identity leads automati-

cally to clear and true answers and results. Such does not mean to leave the outside aside. It is important to reflect and to get external opinions. Yet – they are and will remain external ones. They may be guidance, yet – one has to find and go the way on one's own.

This is self-responsibility. Filling up a space with qualities such as clarity, decidedness and truthfulness enables to switch from thinking into perception rather easily.

Then – and only then, the inside is ready to show up.

» ***It is a matter of inner attitude, knit together with additional benchmarks that form the road to success.***

Truth is grounded on effectiveness: just do it or apply the *Nike Principle*

Finally, everything is grounded in oneself. One has to trust and to apply findings courageously. Fear is a showstopper for those findings. Many become guru shoppers and spiritual vagabonds. They are constantly looking for the truth without knowing what they are looking for.

It is the persistent ego, which tells you that findings from books are a remedy, and even a panacea. Books and seminars – everything is externalized – are important tools and sources for inspiration. However, they are not the inner symphony. Such inner symphony emanates from the imminent experience. It requires trust and confidence.

If something works, it is true. Acquiring knowledge – howsoever – is an important basis. It is even more important to apply those findings. If you feel that it works, if you hold on – well – this is even more important. You have to try, to fail, to experiment, and to find out on an individual basis what is working and what not. If one way fails, creativity plays in with another path. It is less important what you are doing and which road

you are taking. It is much more important that one way work for you. Analogies may play a supportive role in the very game.

You are invited to toss all your creativity on the table of life. Positive issues substitute negative things. It refers to the body, the soul and the spirit. It is important to act on an appropriate level. There is always another way to do things.

Trial and error are natural principle. It promotes creativity and finally, leads to progress. Analogies are the launching pad, yet, not the solution. Nevertheless, if properly applied, they are an invaluable tool to proceed. They are an inspiration for new, courageous steps. Negative things are substituted by positive ones, on all levels – be it body, mind or spirit. Immediate action is required – simply take the other way – do not ask too much, why the other one was wrong. You found the alternative. That is it.

It is leadership and that is strategy. It is an everlasting process of implementation. Just do it! Apply the *Nike principle.*

Application of knowledge, trial and error, stumbling, falling and getting up again is essential on the road to success.

A little review

The following perspectives cover the individual lifeline:

1. The world is what you make out of it
2. Natural borders and self-constructed limitations
3. We all are entangled
4. Energy follows attention – attention follows energy
5. Now is the moment of power
6. You are the point of departure
7. Power comes from the inside
8. Truth is grounded on effectiveness

As an accompanist in a team: keep on the score

Leading a team requires some additional ingredients. They enable doing and they make it a little easier. It is a daily process of trial and error, a way of making things conscious, an inner road to a target. It is not important to know those accompanying principles by heart and to stick to them. Much is emerging just by conscious action – some things are supportive if included from the very beginning.

The brief overview offers you a GPS for your team:

1. A hard day's work – at least at the beginning
2. Clear idea with ends, ways and means – a point of departure
3. Ratio and intuition – handcraft and art
4. Preparation and quality
5. About risk-taking, economy of forces and a well-founded self-management and time-management
6. Exercising, discipline, passion and dedication
7. The leader is a creator and an alchemist
8. Communication skills – between talking and active listening
9. Breaks and calmness – a contradiction in leadership or an indispensable necessity
10. Unity in diversity

1. A hard day's work – at least at the beginning

Leadership is a job located between rough edges and smooth ends. It requires in-depth knowledge on the field of action, command of craft, a common basis and a feeling for the big picture. It is a dangerous business, which may lead to enormous mental and physical exhaustion, if performed for too long – no matter how satisfying it is. At the same time, it

requires huge self-consciousness and confidence. It is a field of tensions to be balanced by the leader. Leadership is something deeply interdisciplinary and not something additive. It is composition work on something new and not a side by side of single pieces. It is creative, animating and fascinating at the same time. The leader is a change maestro and acts by conviction. Change needs participation and authority. He has to make his wish the wish of the ensemble. Much comes up by simply acting and not by explaining. The requests and, at the same time, the interwoven necessities require basic knowledge and expertise on the various interrelations. Knowledge about your personal playground or field of action as understood is indispensable. Power, space and time are to be recalibrated. Today, power is considered a multi-layered concept that is complex and fluid. It is a concept of factual and emotional aspects that requires a permanent blending and transformation. It consists of both persuasion and coercion. Additionally, empowerment must be taken into account. This is critically important, since the individual is requested to take self-responsibility. It is a fine line between exercising power and empowerment. *Spaces* are no fixed and clear geographical dimensions, but complex units with a high mental component. For this reason, a multidimensional concept of space is required. At the same time, the perception of time is relative. Today's perception of time has become more dynamic and has contributed to the stimulation of observations and findings. *Levels of perception* flow into each other.

Many things are notrecognized by the outside. However, on the individual level, mountains are shifted. Additionally, one has to understand oneself. It is a symbiosis of serving and responsibility. One becomes part of a lifetime circle of knowledge-acquisition and knowledge-remembrance. It is not about promises, but about authority, on the development of natural power and responsibility. It is about connecting many worlds. Connection requires listening, consulting and instinct. It

requires time and maturity. It is a combination of passion and discipline. Rational approaches are the basis for free-floating imagination, instinct, and intuition.

You quickly get out whether they understand their job when you observe professionals at work. Looking at a conductor, you easily see whether he manages to establish a natural, free-floating, yet well-grounded connection to the orchestra. Both know about the instruments, the human beings who play those instruments. They indicate clear lines without overruling the orchestra. The foundation of cooperation is formed by handicraft.

Animated strategy shows similar experience. Knowing about strategic parameters, how to frame an idea and a vision to an outline, how to fill it up with life and implement it, is based on a solid foundation. There is nothing mythical, but it is about studying hard.

Leading a top team in sports such as in Formula 1 or in soccer requires hands-on capabilities, too. One has to match the different needs of the different groups to reach a commonly agreed target. One has to know about tasks, options and limits. It allows a harmonic match. A team is led to the world championship by applying this very kind of expertise.

» ***In the working process leadership is non-glamorous, unspectacular and without vain.***

2. Clear idea with ends, ways and means – what a point of departure

Clear ideas are to be based on a well-founded theoretical knowledge. Playing with tools means applying intuition, imagination and instincts in a freewheeling, yet controlled manner.

The leader has to know at the very beginning where to end. The worst is indecisiveness and insisting on the co-called rightfulness. Rightfulness is determined by what catches the leader in

the moment and what convinces him to be able to move something substantial. He thinks in impossibilities because this is the closest to reality. The leader must envisage his core idea and the target(s); then he has to identify himself with the combination of idea and target(s), i.e. he has to take on an inner commitment. Finally, he has to have self-confidence to receive the result, which means to bring the future into the present. If a leader lacks imagination, he will never materialize any target.

At the same time, leadership requires knowledge about the strategic playground. The playground or field of action is understood to be an international order. Such order is determined by various actors and by a network of challenges. Designing the order and its environment is not done in a vacuum; additionally, the leader is not on his own. Usually, he has his staff plus the necessary organizational support. A leader has to know how to handle his staff within the order-environment constellation, thereby matching all other kinds of resources plus the strategic parameters such as time, space, power and information.

Based on the well-founded theoretical grounding, clear targets have to be fixed – again on a certain basis – on ways and means. Economy of forces is a leading principle underpinning the classical strategic triad of ways, ends and means. In this very respect, not much has changed. Probably many of the self-proclaimed leaders simply have forgotten the triad.

At the same time, the leader achieves his targets by non-targeting. He is an enabler who is always one step ahead of the ensemble. In rehearsals, he takes the trainer-part only. During the performance, he is captain and trainer. A leader knows by heart when he has to take on which of those two roles. He is part of the game, and, at the same time, he must be the one step ahead. He has to get out the optimum from the actor's potential. In a certain sense, every leader is also an educator.

Entrepreneurs know pretty well about making mistakes. They decide, make mistakes, take risks, re-orient them – everything in clarity. It is a surviving premise.

Conductors sometimes have to take extremely fast decisions during performances. Otherwise, they would end in failure, meaning that the orchestra gets completely out of sync. Then, they would have to restart. It is not a pleasant experience, yet it is not life-threatening. Those decisions usually do not need big gestures, but are the result of a well-founded handcraft.

In Formula 1, in downhill skiing or in ski jumping you find similar situations of extreme ways of decision. Decisions have to be taken in a split second. It takes courage, clarity and target-orientation.

Leadership presupposes a clear idea with ends, ways and means.

3. Ratio and intuition – handcraft and art

It is the parallel combination of passion and discipline, imagination and instinct. It is the courage to choose the way of largest resistance. It is the readiness to confront oneself and the development of one's position – without slipping into an arbitrary road. It is the non-planned, which inspires and moves on. Handcraft and experience are the preconditions to float into intuition.

The leader is in a position to think and work truly interdisciplinary to move on into the state of playfulness. Playing with tools means applying intuition, imagination and instincts in a freewheeling, yet controlled manner. Solid knowledge forms the basis for his position and supports him not to slide into any disorder and lose himself.

The leader is a creator, who – by nature – applies a symbiosis. He is not a missionary and follows a dictum. He is flexible, but well based. The leader has a clear position. He decides in a

decisive way. The leader makes his wish the wish of the collective. It is the unplanned and unpredictable that can emerge out of the symbiosis. Strategists in politics and in military know about the fluidity of strategies. Order and environment influence each other; they virtually float into each other. It is a permanent process of giving and taking. For that reason, strategic adjustments are normal in conducting strategies. They are based on ratio and intuition and support mastering complex situations such as in Afghanistan and in Iraq. Gaps are part of the game. Nevertheless, it is more important to start off with the right premises. Otherwise, failure is part of the party and it is very difficult to get rid it.

The integration of ratio and intuition forms a key leadership.

4. Preparation and quality – still hard work

It does not exclude joy and fun during work. To the contrary, joy and appetite are crucial for success. Moreover, analyses and precision in grasping a topic, which leads to the overall solution, are of key importance. Leadership is an intellectual and spiritual composition and an orchestra work, which requires precise and comprehensive preparation, command of craft and universal and unquestionable trust between all parties to the strategy. There must be some basic harmony on a common matter. Knowing and commanding material is the basis to start playing with. Playing is the highest level of strategy. It takes hard work to be able to play in a reasonable and at the same time free manner with all the elements and tools of strategy.

It is not the quick fix and it is not about higher, farther and wider. It is about the feeling for rhythm, form, structure, tempo, time, space, power, tempo rubato, letting things float etc. which impact on the choice between ratio and intuition.

At the same time, the leader must have talent and esprit. He must be able to look behind the curtains and to dive into new, unknown areas – without expectations and economically applicable results. The leader must be ready to act without a comfortable intellectual net of securities – particularly in the 21st century. You have to learn to accept that processes have to take quantum changes, very small alterations with huge effects. It is often identified retrospectively.

Finally, benchmarks are indispensable. Leadership without sparring partners is neither useful nor success-promising. Even the largest depot of experience needs correction. The earlier a team gets together the higher is the chance that all stand firm for the strategy.

The team has to promote and defend the concept all through the implementation phase on the internal and external level.

Preparation is part of every musician's and sports person's life. Both have to go into details, train and rehearse hard – nevertheless with joy and light-handedness. It is not only about playing an instrument; it is about getting different impressions by talking to others; it is about reading about a piece. In sports, it is about doing different types of sports to improve certain skills. It is not avout stupidity in training, but about diversity and about enhancing capabilities. All of them are focused on day X.

Any serious preparation for an examination situation follows this exact way.

Still, there is a small part of the unpredictable,of dependency on the daily shape and on the very moment. Yet, it does not exclude thorough preparation.

»» ***Leadership requires well-founded and scrutinized preparation and quality.***

5. About risk-taking, economy of forces and a well-founded self-management and time-management

It is of utmost importance that leadership always bears an inherent risk of failure and mistakes. The leader can make mistakes; sometimes, he even has to make them to find out the right way.

Sometimes, he has to be wide off the mark; sometimes, he has to work according to trial and error. Sometimes, he has to make a detour, and, finally, hope to find the right track. It is the unpredictable, which is often inspiring – particularly in turbulent times.

Finally, if the leader recognizes the mistake as such, he shall not repeat it. This would be culpable negligence. Energy must be employed efficiently.

The leader must have a feel on which level he is acting and if he is in a position to act. He has to master the interplay between tension and relief. This also refers to emotions. They have to be put in order and shape. It is another expression of economy of forces. The leader has to master the interplay between tension and relief. It also refers to emotions. They have to be put into order and shape.

A conductor is an excellent example of tension and relief, as clearly could be seen for instance in the performance of Bruckner's fourth Symphony in Berlin in March 2012 as well as in many other performances.

Another example is Strategic Gaming. The Main Gaming Director who leads the Gaming has to act very similar to a conductor. It is required not to overchallenge and not to underchallenge the participants but lead them to their edges according to their capabilities and the requirements of the Gaming.

A trainer in sports is also confronted with the proper match of tension and relief in training schedules. The athlete has to go into the competition best possibly prepared and not burned-out.

It is a very subtle game to be played. It requires much experience.

» ***Leadership requires well-calculated risk-taking, economy of forces and a well-founded self-management and time management.***

6. Exercising, discipline, passion and dedication – on the cusp of art

It smells of a lot of work, and I have to concede, it is strongly connected with a lot of work. Discipline means to stay in the very moment, to remain in the time slot between two breaths. There is not generality, no multitasking possible – just try it.

Leadership requires permanent exercising and full passion and dedication to the very moment. A leader has to exercise the focus and to be like a laser beam. He has to fully believe that he has already achieved his target. Multitasking is automatically excluded. Keeping an overview and multitasking are incommensurable. They are definitely not the same.

Discipline, passion and dedication refer to sticking to an idea, to empty one's mind to be able to refill it. Discipline is the gate opener to freedom. It refers to setting priorities, to staying in the very moment. It refers to the inner conviction to act now and to do the right things. It refers to recognizing when to be a servant and when to be a master of a situation.

Without discipline and exercising leadership cannot be done in a useful way. This is daily business without losing the grand idea. Being a 'multi-tasker' means to get out of the role and not be able to fulfill the indicated task anymore.

Words and actions are disjointed – how do you enter into trust and creditworthiness? The leader is clear. He decides where and when the draughts go in the game and when and whom the king beats.

There are numerous examples, such as the ski jumper in the moments before the jump or an author when writing a book or an article.

Children sometimes perform exercise, discipline, passion and dedication in terms of persistence when they want something desperately.

Sometimes, injuries force sportsmen even more to do a come-back. Look at the tennis player Thomas Muster or the multiple Formula 1 world champion Niki Lauda. Both of them came back after grave injuries by performing undisputed exercising, with discipline, passion and dedication.

Leadership requires exercising, discipline, passion and dedication.

7. The leader is an alchemist – there is no myth behind

Too much brainwork leads to an aseptic performance. Too much intuition spoils the architecture of strategy and leadership. As an alchemist, the leader has to find a certain style and a certain profile. After a solid and well-founded analysis and preparation, the leader has the courage and the confidence to let a situation float. It is important to know the whereabouts in the process and within the structure. In addition, the leader is always ready to look behind the curtains where usually the interesting things happen. If there is exclusive action, the option of just being is pushed in the background. Pure being requires the leader to know and to be himself. Then the door to truthfulness, to clarity and to decisiveness opens up. The leader knows that reality is about creating a space of experience. Leadership in this very understanding has nothing to do with what you might learn in management courses and in lecture rooms. The leader knows that case studies are at best a point of departure. They provide a very first taste. For that reason, I do not consider the current and future leader conventional leaders and managers. Both reflect to different aspects in dealing with human beings. Management has something to do with figures, facts and orders. You manage to death and often

forget our fellow men; you forget the bright eyes, the burning hearts, and the unbreakable will. Leadership is strongly connected to the level of soul and of spirit, to sensitization, passion, enthusiasm, inspiration, and to joy.

It is no welfare promise, but much more a question of juggling, of improvisation without losing the great plan; it is a matter of having strong nerves, being an authority and developing a natural feeling for power. It means to look into the soul as a whole and to dive into experience. It means to let others participate in one's experience and to learn something together. It is about encour-agement, about dialog, and about common experiences; it is about self-responsibility, visions, clear mindedness, decisiveness, about bright eyes and the undeniable wish to go for something together.

… And there is no guarantee for success! …

Performances of modern music and acting still find a small audience – simply because they often are far away from classical structures. They make you thoughtful and less joyful. They wake you up and hardly provide you with pleasure. They are often not accountable – yet, they are written with every beat of the heart, with passion and dedication, just like Beethoven's ninth Symphony.

Innovative and courageous politics and policies are inseparably linked to defeat and failure. Investments in new and unknown products may take the same way.

Researchers at CERN in Geneva who have been looking for the Higgs boson or 'god particle' (the Higgs boson or Higgs particle is a suggested elementary particle in the Standard Model of particle physics) have been driven by the – hopefully by now discovered – particle, the missing link of the so-called 'standard model' in particle physics. This nickname was attributed to the particle be-cause it was considered so crucial to understand the structure of matter, yet so elusive. It was the common wish to find this particle and thereby complete a pic-

ture of hugo relevance for humanity. Finally, in the summer 2012, researchers were obviously successful in proving the existence of the particle and in completing the standard model.

Many of those paths are inconvenient, full of traps, of ups and downs, of triumph and disaster – but they are full of inspiration and adventure. Moreover, definitely more than commonly understood, success is the driving momentum behind.

The leader is a creator; he is an alchemist, thereby integrating ratio and spirit.

8. Communication skills – listening and thinking, not too much talking

Permanent and clear communication and calibration are *sine qua non* in leadership. Listening is of prime importance. In fact, listening is the basic foundation. It is not passive listening, but a kind of listening, which is accompanied and supported by active thinking. Listening and thinking guide each other to arrive at a balanced relationship. Being an actor requests to take care of others and at the same time to express oneself. Otherwise, the clash is inevitable.

The leader is a connector between several worlds. Connection requires questioning, listening and consulting. Moreover, leadership presupposes certainty in instincts and an unquestionable wire between leader and the team led. It requires to understand that public opinion and published opinion are not the same. There is something like a 'market of meaning'. Certain 'experts' and 'critics' establish it. They monopolize the 'market of meaning'; they try to control and manage it

Meaning is often viewed as an opportunity to counter death. Certainly, neither published nor public opinions have to be the basis for the a leader's point of view. They may, but the need not be congruent. A leader has to be able to convey his ideas in

an understandable way. He can do it verbally and non-verbally. In real life, gestures and mimics receive a different meaning and importance as compared to a gaming situation. They are often more important than noisy and loud commands and words. It is imperative to understand the structural and contextual aspects of leadership, since it has a lot to do with communication. Without clarity in structure and in context, leadership and communication on leadership are not possible.

Playing together according to an – metaphorically – agreed score is valid for any team, be it an orchestra, a soccer team, an enterprise or the European Union. There are always leaders and the ones led. It is always about the various ways of communication – be it verbal or non-verbal. It is always about psychology, about feeling at home with an idea and an outline.

» ***Leadership requires a high level of communication skills.***

9. Breaks and calmness – just do … nothing, at least for some moments in the right moments

Breaks and calmness are of particular importance for leaders in turbulent times. The discipline of releasing ideas and concepts is at least as important as the discipline of sticking to an idea. Heart and mind must have the opportunity to calm down and to hang loose. It points to the discipline to hang loose, to let things float. It points to a moment of nothingness, to a moment of no-performance at all.

Making and being strategies is not a quick fix. It requires time and sangfroid, coolness without being cold. It requires burning hearts and an unbreakable will.

At the same time, it requires discipline – discipline to hang loose and let things simply be as they are. Sometimes, there is simply nothing to be done – just to be. It is a huge challenge in

a time of turbulence, which apparently forces us to act and to manage – though it is not at all on the agenda anymore.

It is a key part in leadership to let things flow. Breaks and calmness require comprehensive trust and confidence. They require self-confidence and trust into the team.

For that reason it is important to break with common processes, to go into the contrasting moments. Sometimes, sports or the visit of a museum helps an author to recover the golden thread of a new book. Changing tasks and making a conscious break by doing something completely different often leads directly to the long-wanted solution. Stepping out of the well-known turf not only brings in fresh intellectual air but may also lead to calmness and to recovery.

The interplay brings you closer to every kind of solution.

»» ***The leader knows about the value of breaks and calmness.***

10. Unity in diversity – beyond diversity management and intercultural communication

Leadership is characterized by appreciating all team members in the same way – be it the weakest or the strongest. Yet, the whole undertaking is not questioned by this kind of approach. At the same time, both sides know that leadership per se is undemocratic.

A certain hierarchy always determines leadership. Nevertheless, individuality still can exist, even though not all team members may have the same rights. However, everybody bears the same responsibility. The leader is well aware that any conflict bears the potential for change. This presupposes that the parties involved in the conflict accept the arguments of the other side as such and – in a second step – accept the reasons for their arguments. Finally, it is required that the others' argu-

ments open up one's own horizon. Additionally, it is supportive to strive for the impossible. It is sometimes, the impossible is easier to be achieved than the difficult things. The leader accepts that he requires resonance and projection areas and his team to materialize his ideas. The leader supports the capabilities of the team. However, at the same time, the team has to preserve its originality. The leader can gain much out of a strong partner, who inspires his work. Nothing will work and materialize if a team does not have a say. Both sides, the leader and the team, are highly dependent in a complex network. They are leader and led at the same time. It is indispensable for the leader to understand that fact, if he strives at the impossible, the seemingly unreachable.

The leader provides his team with the range of freedom it needs to be and act in the way he wants it to be. True leadership starts in the moment when big words end, when the irresistible becomes harmonious and, finally, successful. It is leadership by encouragement, by empowerment and by compliments – based on sensitization, passion, enthusiasm, inspiration, and joy.

Any kind of teamwork delineates the assumption pretty well. Teams often consist of individualists, of offended human beings, of members who feel in a disadvantageous position, of ambitious youngsters, of experienced and saturated matures, of men and women. Still – all of them are human beings. It is about bringing all those diverse capabilities and personalities with their biographies together – without losing the common target. It is a permanent process of negotiation to achieve the big tenet – no matter whether it is about sports, music, art as such, politics or about economics. It is always about leading diversity into unity.

» ***The leader is aware that the leader and the led ones form a single body.***

A little review: towards the team

10 recommendations shall accompany you in your work with your team:

1. A hard day's work – at least at the beginning
2. Clear ideas with ends, ways and means – what a point of departure
3. Ratio and intuition – handcraft and art
4. Preparation and quality
5. About risk-taking, economy of forces and a well-founded self-management and time-management
6. Exercising, discipline, passion and dedication
7. The leader is a creator and an alchemist
8. Communication skills – between talking and active listening
9. Breaks and calmness – a contradiction in leadership or an indispensable necessity
10. Unity in diversity – beyond diversity management and intercultural communication

Epilog – … but it does move

The banker has become tired. He looks at his Rolex. It is already 4:00 A.M. He tries to cover up his weariness. He cannot say whether he is too tired or whether he shall return to his office. There is so much new information – trust, confidence, connection, the art of leadership…

The *Other* leans back calmly. There is a comfortable silence in the car. Everything was said for the moment. There is nothing to be added – except to start living. The *Other* breathes gently and gets ready to leave the car.

"Where can I find you – just in case of emergency?" the banker whispers. "I have to get accustomed to all these things you told me. At first glance, there is only a loose connection to my case – but at the same time, there are so many issues, which touch me and make me thinking."

"Take as much time as you think you need. And when you call me – be sure – I will be there."

The *Other* gently opens the door of the car. The light in the garage keeps on flickering because of the motion sensor. The huge room is ablaze with light. The banker briefly winces when the door of his car closes. He puts his head on the steering wheel.

In addition, he knows that he has to take a number of decisions – however they will look like, he has to decide right now, to finally, end up into *Unified Knowledge*.

He leans back and decides not to go to the office today. Now he will not do anything today – he will simply ease down, prepare for decisions – and, finally, take them.

Acknowledgements

The book is based on a number of different occasions.

On the one hand, the book is the result of a number of seminars and lectures I held at several universities between 2010 and 2012. Students are the biggest challengers and fire my imagination for new ideas. I am deeply indebted to them and their helpful suggestions on strategy and leadership.

On the other hand, I toured in the German-speaking area in 2011 and 2012 to lecture on my book "*Strategos21*: Leadership in Time of Change". My hosts were courageous enough to provide me with the opportunity to present my very unusual, off-mainstream ideas on leadership. Numerous discussions in the wake of my lectures were the fertile ground for additional ideas woven into this book. A lot of confidence was put on my chips – and I'm thankful for the countless flakes of ideas.

Additionally, I had a number of conversations with entrepreneurs, political and military leaders. I do appreciate my inspiring and renowned conversation partners for sharing their ideas with me and for pushing me beyond my ends. Some very few conversation partners motivated me to delve even more into leadership matters and to continue my research and reasoning on this very issue. They are an incredible source of knowledge, wisdom, inspiration and friendship. I do wholeheartedly thank them for their invaluable trust.

Moreover, I have been in close contact with conductors, directors and actors for many years. I was in the luxury position to visit countless rehearsals, operas and concerts. Music has become an inseparable part of my personal big power network – maybe because music never betrays and never deceives, as Ludwig van Beethoven once remarked. Such a power network covers also those people connected to music. I wholeheartedly do thank them for their countless and invaluable inspiration.

There is no book without publishers. I have been in close and successful cooperation with Holzhausen Publishers for my ,recent projects. I am very thankful to Robert Lichtner, who has turned out as being a patient, encouraging and very creative publisher.

Special thanks also go to those who supported and funded the printing of the book.